NATO

「世界有太多我不知道的事，已發生的，待發生的……」

獨行的距離

記錄者的觀察手記

李雨夢

目錄

第二部 全職工作之前，我踏上另一趟旅程

第三部 三十歲以前，我去了英國工作假期

推薦語

這是一本成長與探索之書，探索世界，也探索自我。在雨夢的書寫中，你能看到旅行的本意——去進入陌生的世界與生活，在其中體驗同樣陌生的自己，以全身心地投入參與來讓陌生變得熟悉，成長也就是這樣發生。

熟悉之後，可能又會去尋找新的陌生，或這世界的變化本就在不斷陌生化我們原本熟悉的經驗——於是，「不斷相遇與別離」，是這旅程的另一面。然而，雨夢的書寫讓人心安。她有一種獨特的定錨的能力——漂浮世事中，悲喜在流動，她的筆卻像在風暴眼中心那樣平靜。並非她無感，確是見盡千帆之後，懂得不卑不亢，對最壯烈的與最平凡的，都平等珍惜。

——張潔平・資深媒體人

閱讀李雨夢的生命軌跡，可以看見一個有所追求的年輕寫作者，在理想與現實的恆久角力之中，如何勇敢探索世界，同時努力安頓自己的身心。

她有天生的記者魂，屢隻身前赴國際新聞前線的現場，帶來第一手報導和觀察。旅途上難免險阻重重，但她寫來雲淡風輕，自我縮小，讓關注的目光始終聚焦在她要記錄的人事。她筆下的人物，也多是朝向更自由更公義的未來，在路上奔跑奮鬥，不畏艱辛，勇往直前。

祝福有夢的人。

——**陳寧**・香港作家

序．在流動的時代，繼續成長

葉蔭聰
文化評論人

李雨夢（Koey）找我寫序，我一口答應，可是一時間不知要寫什麼，印象中我真的沒有為別人寫過序。之所以順口開河，大概因為她是我昔日的學生，又曾在我辦的《獨立媒體網》做過義工、記者，不好拒絕。

雖然我跟她都離開了《獨媒》，但我還是覺得她屬於我的熟朋友圈子。以前沒有那麼意覺，直至幾年前，她說要去英國工作假期，適逢香港移民潮剛開始，我竟有點不捨。當她說要去幾年，我還挺驚訝的，驚訝的不只是她離港，而是驚訝我的反應。我突然覺得，我無意間把她放在我的想像小共同體之中。

由我在學校認識她開始，她給我的印象總是在旅行、出門，除了有幾年在本地媒體工作，幾乎都在「流動」。當她在外到處闖蕩期間，我在香港也做了「老豆」，雖然女兒還不到十歲，但我開始有個壞習慣，總以家長、父親角度看別人及世界。如果我早點結婚生仔，勉強可以當 Koey 的老豆了，所以有時覺得她就像我一位總是不在家的女兒，而我也禁不住以家長主義的眼光，把《獨行的距離》看成是她的成長日記。

流動，是我們時代的特徵，所以有什麼全球化、跨國主義等等的說法。流動對人的成長亦變得重要，重要之處不單是人們比過去更能流動，更想流動，而是流動本身也成為一種不管你喜歡與否，也必然要面對的事情。如今許多中產家庭的小孩連自己搭車外出還不會的時候，父母已籌劃送他／她到外國讀書，又或者全家移民；至於每年一次或幾次的出境旅行，更可能是必然的。缺乏足夠流動，不管是沒有能力移民，又或者旅行去得不多，好像也稱不上是中產；反過來，基層家庭的家長及小孩也會感到所謂「流動不夠」的壓力，渴望像別人一樣去旅行、遊學，甚至移民。事實上，成長中的小孩，未必有那麼多階級攀比心理，但可能很早考慮（也不知為何要考慮）日後去哪裏、想去哪裏，又或者體驗各種旅程或移居經驗，要怎樣的自由，要如何自主，一切成為他／她成長經驗中重要的部分，或日後如何定位自己的基礎。

以上可以說是一種流動現代性（Liquid modernity）的基本結構，既是階級打造的故事，又是後現代人的處境，但 Koey 的流動故事，卻又不是遵從這種大勢或結構之舉，不是羊群心理，而是充滿了自己的想法。她去的地方，見識的東西，流動的方法，也與別人有點不同。例如，我介紹她去馬來西亞一個媒體工作，最初是她主動問我的，說想要有一個 Gap year。她去柬埔寨、緬甸等地看大選，去印尼的反世貿抗議，肯定是有些想法的；有些則是意外遇上，例如在歐洲碰上敍利亞難民潮，她又會關心這與歐洲右翼政治當道的關係。有些她選擇的地方，理由是什麼，我其實不知道，我讀着這本書，想知道答案，但好像還是不太能找到。究竟是她沒有寫下來，還是她也沒有想得太多？也許，可以浪漫化地理解，許多青春躁動與渴望，對世界的想像與幻想，連自己也說不清楚。

Koey 絕對是一位關心本地社會及政治的年輕人。近十年，媒體及學術界多注意香港年輕人的本土關懷，甚至是政治上的本土主義傾向，我也做過一點研究，寫過相關的題目。但是，也許我們忽略了，年輕人的成長，同時身處在一個更大的地緣政治及跨國版圖，他們想去哪裏？去過哪裏？計劃將來去哪裏？也許是同樣重要。這種流動，或這樣看流動，能讓我們看到香港的另一面。近年的移民潮，人們總是看到「香港已死」或某種屬於香港的東西漸漸消退，中國大陸近年也流行講「潤」，背後故事也是關於消亡與逃避。但從一位二、三十歲（甚至更年輕）的年輕人來看，所謂移民，所謂「潤」，以至各種流動，是否就是一去不復返？還是一個個人與社會的成長階段？而香港社會及香港人會否在這種流動中再次成長？

執筆之時，Koey 說要回香港了。不知書中記下的流動與成長經驗，會讓她在這個小城中如何重新定位自己？又或者再不知往何處再次出走？

序·公民記者邁向專業之路

《誌 HKFEATURE》主編 關震海

李雨夢由中學時代的公民記者到當上獨當一面的專業記者，十年間在香港走過一條不一樣的新聞路。當主流媒體失去公信力，在地的公民記者走向專業的模式，正正是華文媒體所需要的，亦是我所期盼的。

我這種八十後的記者，之前對於「記者」的想像，僅停留於主流媒體任職的全職記者。李雨夢是在社會運動「出世」的，往後的新聞路打破了我對「香港記者」的想像。九十後乘着社交媒體的興起，在網絡仍未被監管的年代，他們在地採訪，用社交媒體迅速發佈有聲有畫的新聞，內容與發佈速度都打破主流媒體的框框。當年，香港反世貿長出《獨立媒體》，台灣佔領立法院亦推動了當地的學生媒體，這風潮至二〇二〇年在香港戛然而止。李雨夢走出菜園村，帶着對新聞的好奇赴馬來西亞獨立媒體《當今大馬》實習、去緬甸觀選戰，虛心地向當地人請教，梳理歷史脈絡。大學還未畢業已比一些國際版記者看得更多更廣，填補了香港國際新聞欠缺的在地視野。

這些年，東南亞的民主運動看似衝破了軍政府的綑綁，及後我們又見證了脆弱的民主制度如何急流湧退。回望這段光輝歲月，借用 my little airport《那陣時不知道》的歌詞「置身的日子都發亮」，猶幸總結李雨夢過去十多年採訪的所見所聞，讓後浪看到亞洲民主的「曾經」與她採訪的痕跡。

二〇一六年，李雨夢遊訪東亞之後回港，嚷着要當全職記者，我在《明周》的記者桌上聞言驚訝：「要佢做返香港新聞，死嚫妹可以嗎？」對於這些「理想崇高」的公民記者，當時的我是採取「觀望態度」，畢竟自行採訪跟本地社會新聞所需要的採訪技巧與切入點有所不同。李雨夢進入報社要重新學起，真的可以放下公民記者的光環？我抱有懷疑。直至公司下令要開發《明周文化》的網站，我被派至網站做開荒牛，緣分令我們碰上。我得悉被委重任之後，進入老總房先下手為強：「你有人咩？你有記者咩？」之後，公司很快派了兩名記者歸入網絡組，李雨夢是其中一人。我有氣沒氣地走出老總房長歎一聲，心想：天呀！我的記者生涯是否就此完結！

就這樣，我戰戰兢兢當上網站編輯，臨急抱佛腳地閱讀當編輯的天書，面對我視之為「理想記者」的李雨夢，又怕不知如何處理她，又擔心不能勝任編輯、採主的角色。怎料，她挺有新聞觸覺，更重要的是她有不甘服膺於主流媒體角度的「包拗頸」神經，跟我挺合拍的。不再自訂採訪題目的李雨夢，一樣可以為大眾採訪，關心眾人所關心的事；面對心存厭惡的受訪者，她也一字一句心無旁騖的Mark bite（抄寫與受訪者的對話）。在她身上，我看到尋求真相的韌力。當我觀察她數個月之後，肯定這位公民記者具備當一個優秀記者的條件，便放心慢慢增加給她的課題。

二〇一六年立法會大選，我跟她一起拍攝紀錄短片《素人年代》。當時我以朱凱廸參選為主軸，跟拍他與團體拉票，同步訪問建制派何君堯、鄉紳派侯志強，記錄一場回歸以來難得「可被看見」的新舊思想衝擊。帶李雨夢走進新界鄉事會，她毫無懼色，對準所有參選人，問最尖銳的問題。我跟她、一班《明周》同事拼盡了記載當時當刻的社會面貌，就算未盡人意令所有報導刊出，總算無愧於歷史。

近年，這座城市經歷眾多改變，在當中立志當記者，都是不容易。環顧四周，力挽狂瀾於既倒者，或者不多；今日訂閱其他獨立媒體之人數，亦未必看到長遠的發展。一眾記者站在尋找真相的十字路口，就算是寸步不前，已值得鼓掌。

謝謝李雨夢還記得這位曾與他並肩作戰的「記者大叔」，在亞洲新聞自由集體崩壞的年代，依然執筆記錄的，都是勇者，都是可敬的。

飲杯！女神！

前言・無論你去到幾遠，記得要返屋企

> 無論你去到幾遠／記得要返屋企
> 唔好忘記／唔好忘記
> ——LMF《返屋企》

幾年前看彭秀慧由舞台劇改編的電影《29+1》，講述都市女子面對三十歲時的焦慮。「三字頭」彷似一道魔咒，總是迫使人去思考，在這不大不小的年紀，還想成為一個怎樣的人，將來過怎樣的生活？又有什麼事情，是一直渴望去實現的？

踏入三十歲的這一年，我決定展開人生的另一個篇章，趁還有心力、自由的時候，多看看這個世界。就這樣，我告別了工作近三年的崗位，前往英國工作假期。

愈接近出發的日子，時間愈像倒水般快速流逝，香港也慢慢變得不再一樣，心裏更加不捨。出發那天，我看着疫情之下空蕩蕩的機場，為這短暫的離去，增添一份孤寂的愁緒。在登機閘口前，那種縈繞於心頭的感受，令我知道自己有多在乎這一個地方。

• • • •

回溯過去十年的生命軌跡，一直處於不斷來回往返香港與其他地方的狀態。直至二十五歲，我稍停腳步，進入主流媒體工作，以記者的身分觀察並記錄這個城市發生的種種。

如果說，所有事情都有一個開端，那麼着迷於出外遊歷的起始，大抵是十九歲時首次獨自的背包遠行，目的地在中國的雲南。從此打開了一個人去旅行的心癮，每年總會找機會出外，也愈走愈遠。

這十年間，從中國開始，慢慢走到東南亞、歐洲等地，經歷過一些事，也見證了一些事，都是生命中極其重要的養分。我慶幸年少時候的自己，能夠如此一往無前。

在電影《一一》裏，小男孩洋洋說，「我要去告訴別人他們不知道的事，給別人看他們看不到的東西。」世界有太多我不知道的事，已發生的，待發生的，種種未知都令人渴望了解這個世界更多。

二十五歲以前，在這些異地的經歷中，我強烈感受過渴求改變的力量，也因為在異地，更強烈意識到，所謂家之所在到底是哪一處。

二十五歲後，我回到香港，正式投身主流媒體的工作，從旁見證了這座城市發生的種種，同悲同喜。在日復日工作後累積下來的情緒，讓我對於前路，有點陷入瓶頸。二〇一九年之前，我早有再去外地生活的念頭，最後透過工作假期的方式前往英國。沒有想到的是，在籌備的過程，全球疫情肆虐，同時不少港人移民英國。

工作假期計劃所設的三十歲大限即將來到，我趕在尾班車前辦好手續，並在二〇二一年，正式踏上了另一趟未知的旅程。大抵在人生中，我一直被未知的魅力吸引並引領，一步一步走向未來。

我期待在這一趟的旅程，吸收更多的養分，然後回到香港，繼續努力。

第一部
大學期間，我休學一年

「當你真心渴望某樣東西時，整個宇宙都會聯合起來幫助你完成。」——《牧羊少年奇幻之旅》

二十二歲的那年，我展開了休學的計劃。

我先在東南亞背包旅行，初嘗在異地獨立採訪的滋味，也在馬來西亞的獨立媒體實習；後來在台北旅居半年，寫了人生的第一本書。

在外遊蕩，除了豐富人生閱歷，也讓我一點一滴地理解世界的複雜，把在旅途上學習的、感受的，帶回日常的生活。

在北京的小農場，我決定休學

從大學一年級開始，因着此前獨自旅行的經驗，我打算向大學申請 Gap Year，一整年在外邊遊歷，但一直限於空想 Gap Year 這種文化在香港不算盛行，但早在西方社會流行已久。年輕人入學之前，或是在學期間，申請休學一段時間，按照自己的意願規劃生活，不論是海外遊歷、追尋夢想，抑或做義工、在公司實習，經歷世界的不同面貌。

那時候，我聽過很多未經證實的消息，往往令人卻步。直至大一的暑假，我在北京一個有機農場實習，讓我重新思考休學的可行性。

在那個仍然對中國充滿好奇的年紀，學系提供的實習機會幾乎都在香港，直至我看到一間在北京的機構，因有機會在外地實習，就有了非這機構不可的念頭。

在北京，認識休學前來的實習生

我坐上從香港駛向北京的火車，經過一日一夜，從南方到達北方。那是我第一次離開香港超過一個月。

實習機構是一個有機農場，位於北京六環的一條小村莊裏。以北京環狀城市結構理解的話，那是位處很邊陲的小地方，與城市中心有一段距離。有別於一般農業的買賣運作模式，這個有機農場是一個「社區支持農業」的實驗，透過建立消費者與農夫的互助關係，共同分擔糧食生產的風險，分享生產成果。

短短兩個月的實習，偶爾天未亮就要起床工作，我曾經落田體驗種植的滋味、在市集幫忙售賣有機蔬菜，也協助農場舉辦不同活動……對於在香港成長的我來說，這一切都是新鮮的，思想也受到不少衝擊。

這讓我重新理解食物與土地的關係，開始思考農業對一個地方的重要性，意識到糧食上的自給自足，背後涉及的是更為龐大複雜的政治命題。

這個小小的農場，聚集了來自中國不同城市的人，如重慶、廣東、山東。當農村裏的年輕人大多嚮往城市生活的時候，這些人卻因着對農業的興趣、希望學習有機農業的知識，特地前往這裏學習。

這群人當中，有一個女生，令我印象特別深刻。來自廣東的她在大學修讀與動物醫學相關科目，卻一直對農業發展有濃厚興趣。她不滿足於課堂學習紙上談兵的理論，得悉北京有這樣一個以社區支持農業為理念的有機農場後，決定休學一年，從廣東來到北京，透過在地的實習工作，直接與農夫進行交流，也在農場嘗試不同崗位，親身觀察、了解有機農場的運作模式。

我和她混熟以後，談到休學的決定。她說過程沒有經過太多的掙扎，身邊的人雖不算十分支持，但她依然堅持，最後隻身來到北京。除了羨慕，我也佩服她的勇氣。有了這樣的參考，我開始盤算，自己是不是也可以有一個 Gap Year，透過旅程體驗不一樣的人生？

生涯規劃的另類可能

香港社會對生涯規劃的理解，往往強調讀書、打工、結婚、生仔、買樓的一條龍想像，一切彷彿是理所當然，沒有其他可能性。但是，我相信事實並非如此。

↑ 在北京六環的一個有機農場，我認識了休學一年到農場實習的女生，在她的啟發下，讓我有了實踐 Gap Year 的念頭。

編劇莊梅岩曾經寫過，在兒子升讀小學之前，二人曾在外遊歷半年，讓小孩慢慢感知和探索這個世界的模樣。他們的經驗在香港算是異數，但在台灣的東海岸，有過母子獨一無二的回憶。

我也是幸運的。從有休學的想法，至後來準備、實行的階段，我得到的大多是身邊人的支持及鼓勵。

在旅程開始後，我不斷體會到《牧羊少年奇幻之旅》所描述的，原來真心渴望某樣東西時，整個宇宙真的會聯合起來幫助你。

從越南河內出發，初次成為沙發客

收拾半年的行裝後，我背上大背囊，正式起行。

整個旅程的起點是東南亞。這既有基於現實經濟狀況的考量，也有對於「南洋」的好奇。地理位置相近、物價低廉，似乎是窮遊背包客所能夠負擔的。至於對東南亞的想像，除了對「南洋」這個古老，且以中國中心為本位的名字有模糊的概念外，也因我不曾踏足星馬泰等港人熱愛的旅遊勝地。

從越南開始，我一路往西走，去了柬埔寨、泰國、緬甸、馬來西亞、新加坡、印尼。為了更深入地了解這些國家，出發之前，我惡補了當地的歷史與資料，一頭栽進去才發覺，這些相鄰而同被拼湊在一個名為「東南亞」地理版圖的國家，各有自家的文化、政治、宗教面貌，複雜而斑駁。

從越南開始，走訪東南亞

這些國家的主要宗教信仰是佛教與伊斯蘭教，當兩個信仰同存一個國度裏，往往能引起強烈的衝突，例如在緬甸，激進佛教徒會對羅興亞穆斯林進行迫害，在以佛教為主要信仰的泰國，南部地區因人口多為穆斯林，有三府長年與分離主義掛勾，衝突不斷。跨越邊界，與泰南國界相連的馬來西亞，官方宗教則是伊斯蘭教。

另一方面，這些相連的國度，在政治制度上差異極大。這些國家過去大多是西方的殖民地，獨立以後的道路截然不同。同是法殖的越南和柬埔寨，前者變成了共產專制的國家，後者經歷赤柬時期後披上了民主的外衣，但仍行獨裁之實；英殖過後的緬甸、馬來西亞、新加坡也各有發展，緬甸長年處於軍政府獨裁統治，馬來西亞、柬埔寨實行了君主立憲制，而新加坡模式的議會民主制則一直被稱為「開明專制」。至於東南亞最大的國家印尼，自脫離荷蘭獨立後，經歷了三十多年蘇哈托的獨裁歲月後，現時實行代議式民主的總統制。夾在各國中間的泰國，則是東南亞唯一一個不曾淪為殖民地的國家。

這些國家從不同的歷史軌跡，走向了今天的面貌。於是，我帶着對於這些國家的好奇，在廣西的南寧坐上了前往越南河內的火車，大約十二個小時的車程，到了越南的首都——河內。

有人說過，越南的兩大城市，河內是文化和政治的中心，過去被稱為西貢的胡志明市則為經濟中心。河內位於北部，是越南第二大城，文化氣息相對濃厚，處處看見歷史的痕跡，例如河內最古老的教堂、有着法殖印記的聖若瑟大教堂至今依然保存良好。

選擇越南作為旅程的起點，有地理上的便利，也有對於這國度的好奇。越南與香港在歷史上有過特殊的淵源，除了上一輩港人仍有記憶的越南船民「不漏洞拉」外，現時仍然統治越南的越南共產黨於一九三〇年在當時的英屬香港成立，越共領袖胡志明曾被囚於現時已活化為大館的域多利監獄，加上看過導演許鞍華多年前以越南為題材的作品《投奔怒海》。這個地方，無論是歷史或是文化上，似乎都與香港有着一種莫名的連結。

這樣的連結，把我帶來了這個目前世上少數仍由共產黨執政統治的國家。

在河內，住進別人的家

↓ 越南是我休學旅程的起點。走在街上，看得最多的是電單車。按統計，八十六%的越南家庭擁有一部或以上的電單車。

抵達河內，對於這個城市的第一印象，是街道上有大量的電單車，風馳電掣，亦有很多街邊的檔口，販賣價廉而美味的越南河粉。

走到舊城區裏著名的旅遊景點還劍湖，清晨時分，很多人在做晨操、散步，一副悠然自得的樣子。後來聽說，那些節奏緩慢的日常，是越南生活的常態。

閒逛了半日，出發尋找住宿的地方。這個住宿之地，不是酒店、不是旅

館，而是當地人的家。從前的背包旅行，我大多選在青年旅舍住宿，床位價格相宜，也能遇上世界各地的旅人，交流彼此的故事。這次，我則首次當「沙發客」，住進當地人的家。

事前，我不是完全沒有擔憂，過去不時聽聞沙發客遭屋主性侵、殺害，心底卻又期待體驗這種旅行方式。於是，出發之前，我閱讀其他旅人的經歷，記下需要注意的事項，也依從其他人的意見，透過專門配對屋主與沙發客的網站，檢閱其他沙發客對屋主的評價，從中選擇評價較好的屋主，儘量減低風險。而在越南期間，我與另一朋友同行，種種的因素下，成就了這一次的「沙發旅行」（Couchsurfing）。

在抵達河內之前，我成功聯絡一名屋主。她叫六月，是二十多歲的越南女子，和男朋友同住在三層的樓房裏，我和朋友則住在最高的一層。

到達的第一天，我們一聊，就聊了數個小時。眼前這個年輕的越南女子，擁有自己的事業，開了一間英語學校；同時她也是一名旅人，喜歡與旅程上相遇的人交流，這也是她開放家裏，為其他旅人提供住宿的原因。

初次見面，旅人與屋主之間的話題離不開各自的旅行。她對旅行有很多想法與經歷，曾以走馬看花的心態觀光旅遊，每日追逐不同的景點，晚上才回酒店休息，直至遇上一名法國人，對她完全沒有走進所到之處，感到不可思議。他跟她說：「你必須停止這樣（的旅遊方式）」，當頭棒喝，她改變了旅行模式，不再為了追逐壯麗的風

↓ 越南一隅。

光與景點，更着重人與人之間的交流與接觸。

當她知道我這一年的計劃後，雖指這將是一次很好的體驗，但同時提醒，過長的旅行會帶來一些反效果，如審美疲勞，遊走於美麗景點之間，直至一個地步，覺得哪裏都差不多，漸漸變得麻木。她建議，如果有一個長期旅行，中途應找一些地方逗留較長的時間，讓自己沉澱和整頓。

我在六月的家借住數天，白天時間幾乎都在外面。如事前的行程計劃，我去了一些旅遊景點，也參觀了法殖時代關押異見革命份子、越戰時候關押美軍的華盧監獄博物館；後來也在胡志明市看了原本命名為「美國戰爭罪惡館」的戰爭遺跡博物館，以越南的視角呈現冷戰格局時期下的越戰歷史，批判美國在戰爭期間對平民所造成的傷害，例如噴灑含劇毒的「橙劑」①，對當時的居民及其後代的健康帶來嚴重影響及後遺症。

大概只有晚上時分，回到屋裏，我們才與屋主有所交流。住進別人家裏，也是學習互相尊重的過程，借出地方的人有她本來的生活，如何拿捏不打擾與交流的平衡，大概也是沙發旅行的其中一項功課。

從當地人的眼中，認識一個城市

數天之後，我們與六月別過。透過沙發旅行，我們容易結識當地的人，也能夠透過交流而了解在地人如何看待他們正在居住的城市，這樣的經驗難得而寶貴，有了這一次經驗，後來還有了第二、三、四次，更多的沙發旅行。

我的沙發旅行從越南河內開始，之後在柬埔寨暹粒

①摻雜了劇毒物質二噁英的致命毒劑，本為落葉劑或除草劑，由於容器上使用橙色條紋，又名為「橙劑」。當時美軍為了對抗在叢林作戰的北越軍隊而使用這種化武，禍延數代當地平民。

↑ 在東南亞旅遊的時候，我嘗試了沙發旅行，這是我在柬埔寨其中一次留宿的地方。

↓ 在柬埔寨旅行時，我曾住進了一個在當地居住的土耳其人家裏。過去，他接待了不少來自世界各地的旅人，大家都會在牆上直接塗鴉。

住進土耳其人的家、在馬德望住進高棉家庭的棚屋，也有透過朋友的介紹，在泰國清邁住進了一條偏遠的小農村裏。

在香港，我只有與家人和大學室友共住的經驗，在旅程中住進陌生人家裏，每一次都是充滿未知，事前也會在腦海中浮現種種問題：屋主是什麼人？容不容易相處？會不會有很多規矩需要遵守？我會不會打擾對方？

慶幸的是，多次的沙發旅行經驗裏，我幾乎沒有遇上奇怪或可怕的人，沿途大多數屋主都是友善，願意提供各種協助。住進陌生人的家裏，也像一直練習厚面皮，例如禮貌地作自我介紹、講出自己對旅行的想法、為什麼想要住進對方的家裏，以及如何向屋主發出請求。與屋主相處是一個奇妙而有趣的經歷，有時深怕打擾對方。隨着多次的借住經驗，我從一開始的緊張，後來變得愈來愈坦然自在。

從在地居住的人眼中，我更立體地認識一個城市的過去與現在，有什麼地方值得參觀、什麼地方欺騙遊客，又或什麼地方曾經發生過什麼，連結一些歷史事件、社會大事，以至他們曾在這地經歷過怎樣的事。有時候，屋主還會跟我一起出去，透過親身解說，讓外來的我能夠了解他們更多的想法，以及對於一個地方的情感。

就像我後來回到香港，雖然家裏無法開放，提供地方予人借宿，但每當有朋友來港，我都會帶他們去一些我眼中值得認識的地方，例如金鐘、立法會、夏慤道、社區的小店與老店⋯⋯這些曾經見證歷史，並對我有深遠意義的地方，讓他們能夠理解旅遊書外的香港。

柬埔寨觀選記——初次異地採訪選戰

在越南期間，得悉鄰近的柬埔寨將會舉行大選，沒有海外觀選經驗的我，開始考慮，是否可以趁着這一次難得的機會，觀察並且嘗試採訪其他地方的大選？

二〇一三年七月，柬埔寨舉行第五屆全國性選舉。一九九一年，為了讓經歷數十年內戰的柬埔寨重建和平政府，在國際介入、聯合國監督下，標誌和平進程的《巴黎和平協定》得以簽訂，隨後聯合國派遣維和部隊進駐柬埔寨，並且成立「柬埔寨過渡時期聯合國權力機構」（簡稱聯柬權力機構）。一九九三年，在聯合國組織及監督下，這個國界與越南、泰國、老撾相鄰的國家，迎來了首次選舉。

為了觀選及採訪，我在抵達柬埔寨前花了一些時間認識這個國度過去的發展軌跡，讀來都是動魄驚心。

從殖民地走向獨立後的初次選舉

被殖民的土地在脫離法殖統治獨立後，在一九七〇年代開始，經歷了赤柬獨裁①統治的恐佈年代，後來又爆發柬越戰爭②、內戰不斷，好不容易才簽訂和平協定，終在九十年代舉行了首次全國性選舉。

一九九三年由聯合國介入的選舉，以為會為這個國家開拓一個新的局面。由王室把持的奉辛比克黨勝出，拉那烈王子（Norodom Ranariddh）擔任當時更名為柬埔寨共和國的第一首相，由於不足以單獨執政，需要和人民黨組成聯合政府，故領導人民黨的洪森（Hun Sen）成為

① 赤柬，即柬埔寨共產黨，又名「紅色高棉」。一九七五年，赤柬推翻親美的高棉共和國，取得實權後統治柬埔寨至一九七九年，期間進行種族滅絕及恐佈統治，造成四十至三百萬人非正常死亡，包括饑荒、勞役、疾病或處決。

② 一九七八至一九八九年持續超過十年的戰爭，越南指責赤柬政權殺害了無數生活在柬越邊境的越南人，故在統一後於一九七八年出兵。此戰爭也被視為越南為了實現稱霸東南亞的野心，在蘇聯的支持下對柬埔寨發動的全面武裝入侵戰爭。越南入侵柬埔寨後，於一九七九年成立傀儡政權「柬埔寨人民共和國」，後因國際社會關注而於一九八九年撤軍。

了第二首相，當時國王西哈努克（Norodom Sihanouk）宣稱兩者的權力是對等的。

結果，一九九七年洪森發動政變，迫使拉那烈王子出走，一直把持權力至今。早在選舉及政變之前，自一九八五年起，洪森已是傀儡政權下的總理，故實際掌權時間超過三十年，是世界上少有掌權超過三十年的獨裁者之一。而這數十年間，柬埔寨的選舉亦從當初由聯合國主持與監察，變成由後來成立的國家選舉委員會組織。

超過三十年的獨裁統治，也使洪森在柬埔寨建立了龐大權力及利益集團網絡，難以撼動。故這場於二〇一三年舉行的選舉，一開始便被外界形容為是沒有懸念的選舉。沒有懸念，那是因為外界猜測執政之位非洪森及其所領導的人民黨莫屬，人民黨在之前四屆選舉所得到的議席一直有所增長。在二〇〇八年舉行第四屆選舉中，人民黨在國會一百二十三席中，獲得九十席。

柬埔寨救國黨是當時國內最大的反對黨，由桑蘭西黨（一九九五年成立）和人權黨（二〇〇七年成立）於二〇一二年合併而成。當時反對派領袖桑蘭西（Sam Rainsy）在二〇〇九年因被控拔除柬越邊界碑及偽造越柬邊界地圖等罪名，被判處有期徒刑十一年後，流亡海外，直到大選當年獲國王特赦，才於大選前夕重返柬埔寨。

我也在大選前夕，從越南的胡志明市搭上夜行巴士，抵達了越南的邊境；再在這邊境之地搭上快船，沿着東南亞最重要的跨國水系湄公河，抵達了柬埔寨。首次踏足這個國度，印象卻只有梁朝偉在《花樣年華》

中，於吳哥窟的石洞埋下秘密，而我的目的地不在吳哥古蹟，而是首都金邊。

在異地採訪，見證不一樣的大選

大一的時候，我加入了《獨立媒體》成為義務的特約記者，也是公民記者的一員。一直以來，我都關注政治、時事、社會議題，心裏或多或少抱持一種「世界公民」的取態，即使到了外地，也希望能夠了解當地社會的面貌。除了旅行以外，進行採訪是其中一個最直接與當地人互動、了解他們想法的方式，也為旅程增添多一份的意義及回憶。

這是我首次在外採訪異國選舉，雖然已經做了功課，惡補歷史，但在當地沒有任何人脈。一到埗思考的問題是，到底該如何進行這一次的採訪？

幸運的是，在一位馬來西亞朋友的相助下，我認識了一班柬埔寨的年輕人，聆聽他們對於現狀，以及選舉的想法。與全球年輕人渴望求變的趨勢相同，這裏的年輕人，對於討論及參與政治，都顯得相當踴躍。根據二〇一三年國家選舉委員會的數據，年輕選民（十八至三十歲）的數目佔該次大選總選民近三分之一。而在年輕選民的眼中，這一次大選的氣氛，跟過往明顯不同。

「上一屆選舉（二〇〇八年），整個國家的氣氛是一片死寂，加上同年金融海嘯的影響，洪森又善於利用當時的泰柬領土衝突事件作為宣傳，求變的欲望幾乎很低。這一屆不同的是，多了很多年輕人合資格登記做選民，亦隨着社交媒體，特別是Facebook的普及，資訊得以更流通。」曾在柬埔寨聯合國工作的N告訴我，現今柬埔寨政府的要職都是由洪森及人民黨把持，普通人被排除在外，財富分配極度不平均。

父親在政府工作的N，理應是現行政權底下的受益者，但阻礙不到他求變的決心，「怎能讓一個政黨及一個人當權這麼多年？洪森政權貪污腐敗、特權階級又壟斷大量財富和資源。當你從資訊流通的地方得知這個國家現存的問題，便會想去改變，想未來的社會變得更好。」

一如多個發展中國家的狀況，柬埔寨陷入貧富懸殊的兩極狀態。就讀法律系的So Chomnab說，很多年輕人無法看見出路，選擇離鄉背井，去泰國尋求工作機會。雖然柬埔寨的經濟每年持續增長，救國黨在宣傳的時候批評財富只壟斷在小撮人手中，造成極度懸殊的貧富差距。這種看不見希望的困局，導致年輕人渴望求變，顯得更無懼：「上一代的人會支持人民黨，一方面是資訊不流通，但某程度是源於他們的害怕。他們曾經歷赤柬時期或內戰，見證過戰爭的可怕，為了維持現狀，於是投票給人民黨。」

反對黨柬埔寨救國黨的總部。

帶着歷史傷痕的記憶，造成了上一代與年輕人在政治參與上的落差。一九九七年，洪森發動政變，人民黨在選前出口術，一旦反對黨勝出，國家有可能會再次陷入亂局當中。

早期柬埔寨的選舉前夕，曾出現不少暗殺及暴力事件，以圖恐嚇人心。經歷二十年的洗禮，選舉走向一個較為和平的方式，暗殺暴力事件漸趨減少。我在金邊與時任駐柬埔寨的國際特赦組織東南亞及太平洋部主任Rupert Abbott見面。對東南亞政治及歷史有所研究的他表示，這二十年來選舉算是朝比較正面的方向前進，至少選舉前後的暴力事件減少，關於暗殺的報告亦大大減少，人民能有更多的空間安全地表達他們的意見和控訴。

選舉前夕，我在金邊的大街小巷行走，處處都充斥着人民黨的政治宣傳品，彷彿整個城市是都為了這個政黨而生。反觀最大反對派救國黨的宣傳品，則顯得零落而簡陋。兩黨在選前都舉行造勢大會，執政黨的集會搭建了燈光四射的大型舞台，也邀請了著名歌星坐陣，相較之下，反對黨只有簡陋的大台。然而，一旦到過兩邊的集會，就能明顯感受截然不同的氣氛。在反對黨的集會上，從人們歡悅的面孔和熱情中，彷彿窺看到對於政變的期待。

在狹縫中，曾經生出了希望

大選當日，N用電單車載着我遊走金邊不同投票站，市內氣氛異常寧靜。N告訴我，很多人從首都離開，趕回家中投票。很多店舖關上了門，形成空洞的市面，連平日最熱鬧的中央市場都顯得冷清起來。

投票於下午三時結束。在投票站外，很多選民帶同紙筆前來觀看點票，甚至自行點算票數。每當聽到救國黨得票時，現場都會拍手歡呼。我們到不同的票站打聽結果，都是由反對黨勝出，在首都金邊幾乎是「贏到開巷」，而身旁的柬國朋友不禁流露興奮的神情。

結果出爐，不意外地，洪森和人民黨勝出是次選舉。國會的一百二十三個議席中，人民黨獲得六十八席，救國黨獲得五十五席，全數議席由這兩個政黨包攬，其餘小黨全軍覆沒。

大選當天，選舉不公及舞弊仍是備受關注的一環。選民名單出現問題、容易洗掉的墨水能令人重複投票，是被投訴得最多的問題。隨後，救國黨發出聲明，表示由於選舉不公，不會承認這次選舉的結果。這最終導致衝突的發生，我在選舉當天，便目睹憤怒的群眾打砸及燒毀警車。

雖然人民黨繼續勝出，並且能夠單獨執政，不需與

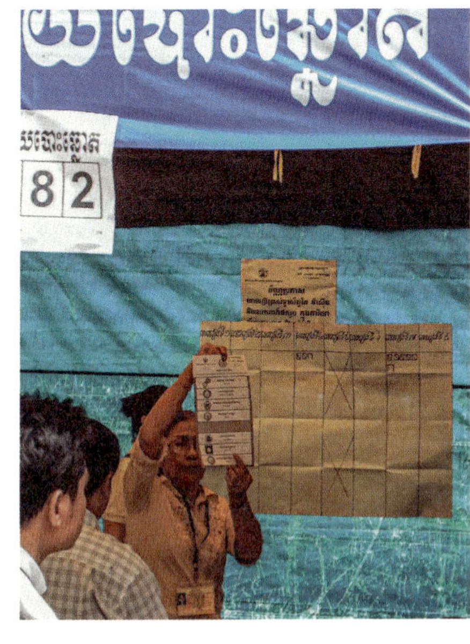

↑　大選當天，票站的工作人員進行點票，不少選民前來觀看點票過程。

↑ 這次大選，因選舉不公及舞弊而遭人詬病，導致選舉當天發生衝突，憤怒的群眾打砸及燒毀警車。

反對黨籌組聯合政府，卻是該黨在二十年的選舉當中，首次失去多達二十二個議席，從上屆的九十席縮減至今屆六十八席；反對黨的議席則從上屆的二十九席，升至今屆的五十五席。

壟斷權力數十年的執政黨面對首次重挫，彷彿為這個國度帶來了一個新的氣象。而這樣的逆轉，對執政了三十年的人民黨來說是一個警號，背後所隱含的是，柬國人民求變的心理。

首次在異地觀選的經歷，極其寶

貴，彷彿也在告訴我，改變是有可能發生的，即使在獨裁統治之下，人心的凝聚還是可以在狹縫中促進改變。

後記：路仍漫長

當初我知道柬埔寨將有大選，決定前來觀選，是機緣巧合，算是意料之外的行程。在此之前，我對於這個國家沒有太多認識，於是因着採訪，翻閱了很多的資料，更立體地認識這一個國度。我膽粗粗地約了一些當地人做訪問，過程中完全感受到「出外靠朋友」的幸運。透過朋友的幫忙及聯繫，在這裏沒有人脈資源的我，竟可以順利地完成採訪，聆聽當地人的想法。這些經驗，對我日後繼續在海外進行採訪報導，打下了一支強心針。

留下過足跡的國度，日後聽到相關新聞時，總會投放更多的關注。

二〇一七年十一月，第六屆大選前夕，當我聽到柬埔寨最高法院宣佈解散救國黨、拘捕黨主席根索卡（Kem Sokha）的消息時，心裏不免震驚。曾經以為歷史是依照線性前進，卻是可以不斷倒退。由於最大反對黨被強行解散，最後洪森及人民黨全數獲得國會所有議席，牢牢掌控國會，選舉為獨裁者披上了一層「合法」的外衣。

不過五年，柬埔寨又走上回頭路，在另一層意義上也提醒，在威權國家爭取民主的道路，從來不是輕省容易，要走的路還很長呢。

原文刊於《明報・星期日生活》、《獨立媒體》

走進泰北美斯樂——被遺下的亞細亞孤兒

離開柬埔寨後，下一站是相鄰的泰國。星馬泰向來是港人熱門的旅遊地點，泰國之行，除了感受首都曼谷的繁華熱鬧外，其中一個目的地，是位於泰國北部清萊府山上的一個小村落：美斯樂（Mae Salong）。

坐了十多小時的巴士，我從繁囂的曼谷來到寧靜的泰北。這個座落在山上的小村落，位於泰國、緬甸、老撾三國的交界之處，目前成了其中一個華人聚居的地方，也有人形容此地是泰國的「小中國」。美斯樂之所以成為泰北華人的聚集之地，跟上世紀國民黨殘餘部隊「泰北孤軍」的歷史發展息息相關。

最初接觸泰北孤軍的歷史，來自一齣九十年代的台灣電影《異域》，由導演朱延平執導，改編自柏楊的同名小說，講述這支流落到「異域」泰緬邊境的孤軍的故事。電影插曲是由羅大佑創作、主唱的《亞細亞的孤兒》，歌聲響起，配上荒涼悲壯的鏡頭，讓人不禁歎息歷史的殘酷與無情。

亞細亞的孤兒／
在風中哭泣／
黃色的臉孔有紅色的污泥／
黑色的眼珠有白色的恐懼／
西風在東方唱着悲傷的歌曲。

遺落在異地的軍人，在美斯樂落地生根

時間回到一九四〇年代末的第二次國共內戰，國民黨戰事失利，蔣介石政權退守台灣。當時派駐雲南的國民黨第八軍及第二十六軍的殘部，便從雲南、廣西、貴州等地退入緬甸、老撾、泰國交界的邊境。經重新整頓後，於一九五〇年代改編為「雲南人民反共救國軍」，以「反攻雲南」為目標。

這支曾高達一萬多人的殘餘部隊，在緬甸撣邦猛撒建立「雲南省反共抗俄大學」，引起當地輿論的反對，甚至演變為緬甸與反共救國軍之間的衝突及戰爭。直到一九五三年，緬甸政府向聯合國控訴中華民國侵略，中華民國政府才開始了第一階段的撤離行動。

國民黨政府隨後於一九五三至五四年間撤出超過七千名官兵及眷屬，仍有近五千名官兵滯留；一九六一年的第二次撤軍，國民黨殘餘部隊在滇緬一帶的游擊作戰正式結束，原有正規軍番號被政府撤銷，被遺留下來的軍人，再無國軍正規身分，成了流落異地的無主孤魂，從緬甸退入泰國邊境的叢林。

當時被遺留下來的，主要是「雲南反共救國軍」第三軍及第五軍的人。由將軍李文煥領導的第三軍最後撤入清邁省巴干縣唐窩地區（Ban Tham Ngob），而由將軍段希文領導的第五軍，則撤入到清萊省的美斯樂，兩支殘軍成為流落到異域的泰北孤軍，統轄權歸於泰國政府，泰方又將他們稱為「國民黨中國軍隊難民」。

為了在異地生存，一九七〇年代，段希文和李文煥在曼谷與時任泰國參謀總長江薩（Kriangsak Chamanan）見面，接受了將三軍五軍改組為「泰北志願自衛隊」的建議，為泰國駐守其北部邊境。隨後於一九八一年，泰國軍隊與這支泰北志願自衛隊聯合發動考柯山、考牙山之役，是對泰國共產黨最大的一次作戰計畫，激戰過後泰北孤軍傷亡慘重。由於這些年間泰北孤軍協助泰國政府平亂有功，泰方給予這群孤軍及眷屬泰國公民身分及永久居留權，並且容許他們在泰北邊境建立村落。以鮮血換來的合法身分，使一眾泰北孤軍及後裔，終在泰北邊境之地，慢慢落地生根。

讀過柏楊化名為鄧克保所寫的小說《異域》，看過朱延平後來執導的同名電影和《無國籍公民》①，一直念茲在茲，趁着在泰國，便決心去美斯樂，看看這個充滿歷史張力與血淚的地方，認識這段不為人熟悉的歷史，填補未知的空白。

一大清早，我坐的通宵巴士到達清萊，先轉巴士到巴山村（Ban Basan），再轉 Tuk Tuk 車②，才能抵達山上的美斯樂。在上山的路上，我誤打誤撞下搭了人生第一次順風車，雖然在山腰需要另覓方法上山，仍算是人生一個小小的成就解鎖。

沿着蜿蜒曲折的山路上山，終於抵達這個載滿風霜與歷史的小村。

在美斯樂，遇上了孤軍第二代

不意外地，這所村落充滿熟悉的語言。隨着國民黨孤軍及其後裔在此落地生根後，近年逐漸發展成旅遊景點及種植茶園。除了華人以外，也有一些少數民族在此聚居，包括傣族、阿卡族、拉祜族、傈僳族、瑤族、拉威族等。有日經過美斯樂附近的蔣家寨，被寨裏一個阿卡族的老太太邀請一起吃午飯，語言雖然不通，卻是一個難忘的回憶。

①收錄於金馬影展發起的電影聯合創作計畫《10+10》，導演朱延平在《無國籍公民》中延續他對泰北孤軍及其後裔的關注。短片以鄧克保那因發高燒而沒有及時醫治，導致智障的女兒安岱為主角，呈現這名孤軍後裔重回台灣後所面臨的境況。

②泰國傳統交通工具。

在美斯樂，處處佈滿歷史的痕跡。「一群被遺忘的人，他們戰死，便與草木同朽。他們戰勝，仍是天地不容。」在美斯樂的泰北義民文史館，留下了作家柏楊題字的碑文。

這座於二〇〇四年落成的泰北義民文史館，由台灣非政府組織出資捐建。館內有三個展館：一個介紹孤軍及展示那些年間曾經歷過的戰役，一個宣揚中華救助總會在整個泰北帶來的捐助，最後是在正中間的紀念堂，設置陣亡軍人的靈位，牆上寫着「精忠報國」四個大字。我這個對於國家概念並無甚感情的人，還是被震撼了。

被國家所遺棄的一群，靠着自己而生存於異國，對於中國的感情仍然剪不斷，如今他們的下一代成為了泰國公民，還是讓人感到他們對於中華文化的堅執。作為博物館或紀念館而言，文史館略嫌過於簡略呈現那段複

↑ 由台灣非政府組織出資捐建的泰北義民文化館，記載了泰北孤軍的歷史，也設置了陣亡軍人的靈位。

雜而綿密的歷史，或許跟資源限制有關，後來在美斯樂遇上的老軍人告訴我，對於孤軍而言，文史館的重要在於讓下一代知悉這段逐漸被人淡忘的歷史，還有軍人們曾經為了在異地生存而付出過的血淚。

這名老軍人，是我在美斯樂的「榮民之家」裏遇上的。榮民之家是退伍傷兵在美斯樂居住的一個小社區，大約有十多戶人家，是當年中華救助總會的其中一個項目。這名六十多歲的老軍人莫大哥，是泰北孤軍第二代。七十年代，當年十多歲的他曾參與那幾場泰北孤軍協助泰國政府攻打苗共及泰共的戰役，因為誤踩地雷，失去了雙腿。他向我展示裝上的義肢，還有手臂上中彈的痕跡。

莫大哥說，當年部隊吸毒風氣盛行，主要是為了出戰時壯膽，慢慢成了惡習，後來接受了基督信仰，因此

↑ 榮民之家是退伍傷兵在美斯樂居住的一個小社區，到訪時大約有十多戶人家。

戒毒，也從此改變了人生觀。我們就這樣聊了一個下午，主要是他在說，我在聽。

告別莫大哥後，我繼續沿着小村落行走，見到一所當地的中文學校：興華中學。

孤軍後裔歸化泰國，把生活安頓後，教育便成了下一項要處理的任務。一所學校是一地歷史的反映。翻閱興華中學的簡介，率領第五軍來到美斯樂的將軍段希文，是這段歷史其中一個靈魂人物。興華中學是由段希文於一九六一年出資創立，以傳承復興中華文化、作育英才為辦學宗旨，並免收當地學生和居住偏遠貧困學生的學費。一九八五年，因着政治因素，泰國政府施行泰化政策，禁止以中文教學，興華中學一度被迫停校，需改為泰文小學，中文課程只能以補習方式教授，直到一九九三年禁令放寬後才能正式復學。

↑ 興華中學是國民黨將軍段希文於一九六一年出資創立，以傳承復興中華文化、作育英才為辦學宗旨。

走進興華中學，看到學校壁報板上展示中泰關係的描述。觀看展板期間，遇上了興華中學校長楊成孝，聽他娓娓道來這半生的故事。同屬孤軍第二代的楊校長，在緬甸出生，幾歲的時候隨父輩遷移至美斯樂，但與很多孤軍後裔一樣，長大後跑到台灣成家立室，生活了二十年。

直到興華中學董事長的邀請，他才回來擔任校長。他告訴我，柏楊在八十年代採訪美斯樂的時候，他曾擔任過其助手。一九六一年，柏楊出版以第一身視角書寫泰北孤軍經歷及苦況的小說《異域》，創下高達百萬冊的驚人銷量。《異域》出版後二十年，柏楊應《中國時報》邀請到泰北進行採訪，出版《金三角．邊區．荒城》一書。《金三角．邊區．荒城》從金三角「毒品大王」坤沙③、「鴉片將軍」羅星漢在泰國清萊滿星疊的戰事，講到美斯樂泰北孤軍及其後裔的生存狀況，是把採訪寫成的報導文學。我在美斯樂旅行期間，一直在地閱讀這本書，書中描述的也大部分印證了我在老兵口中所聽到的故事。

從美斯樂，走到金三角的滿星疊

讀完柏楊的著作，我在美斯樂逗留的最後一天，決定要到相距只有三十多公里的滿星疊看看。滿星疊過去曾是毒梟坤沙的大本營，於八十年代曾被泰國政府發動攻擊。過去金三角一帶（緬甸、老撾、泰國交界地區）因盛產毒品而為人所熟知，也曾是世界上最大的海洛因類毒品產地，盛產時期罌粟種植面積高達一百萬畝以上，也因該地帶為毒品犯罪的溫床，故對外界而言一直

③坤沙，漢名為張奇夫，出生於緬甸撣邦，父親是漢人，母親是撣族，被稱為「毒品大王」。在金三角毒品貿易達到最高峰時，坤沙幾乎控制了整個金三角地區八十%的毒品貿易，曾被美國政府懸賞二百萬美元追捕。一九九六年坤沙向緬甸軍政府投降，晚年被軟禁在仰光，直到二〇〇七年病逝。

披上一層神秘的面紗。

美斯樂沒有直接交通工具前往滿星疊，我只好先坐巴士去山腰的檢查站，那是一個分岔路口，一條路向上往美斯樂，另一條路則前往滿星疊。我再一次幸運地搭上了順風車，有熱心人讓我坐上他們載着貨物的車尾，把我帶到滿星疊的大同中學，那是一所由坤沙於一九七五年創辦的華文中學。

在校門外，我遇上了一個大同中學的學生。他帶我到當地坤沙的紀念館，也是坤沙從前的所在地。據説泰國官方一直不容許紀念館存在，這是由其部下私下設立，而所謂紀念館，其實只由幾間簡陋的茅屋所組成。這座紀念館以坤沙，以及他在九十年代於緬甸撣邦境內所建立的軍事政權「撣邦共和國」為主題，陳列了大量照片，闡述這個傳奇人物的生平，還放置了坤沙的人像

滿星疊大同中學是坤沙於一九七五年創辦的一所華文中學。

模型，亦保存了他生前起居及練兵場所的面貌。紀念館只有在管理員看到有人前來參觀的時候，才會開門予遊人參觀，沒人的時候，大門基本上都是鎖上的。

站在山上小村眺望恬靜幽美的風景，讓人以為有種歲月靜好的感覺。身處滿星疊，難以想像這裏過去發生的種種，三十多年過去，物換星移，這個曾被泰國政府發動攻擊的地方，如今已變回一條恬靜的小村，也在泰國政府支援下由基督教團體在附近成立了戒毒村。而美斯樂那片住着孤軍後裔的土地，帶着一段漸被遺忘的慘痛歷史，慢慢變成了一個為人認識的旅遊景點。

在這裏所聽到和遇上的人和事，不是一篇遊記就能敘述得了，追隨歷史所需要花上的氣力，也暫非我能力所及。唯有謹記這一切，這是在人生的學習過程中非常重要的一環。

↑ 在滿星疊，有一所由毒梟坤沙部下私下設立的「坤沙紀念館」，陳列了大量照片，闡述坤沙的生平，也放置了坤沙的人像模型和銅像。

↑ 在泰北的美斯樂，途經附近的蔣家寨，被一個阿卡族的老太太邀請一起吃午飯。

印尼採訪記——反世貿行動

我們這裏有勇敢的人民／
篳路藍縷／
以啟山林／
我們這裏有無窮的生命／
水牛、稻米、香蕉、玉蘭花。

在印尼的峇里島上，我聽到來自台灣的農民，獻唱這首知名的民謠《美麗島》，給來自世界各地前往峇里島抗議世界貿易組織（世貿或WTO）第九次部長級會議的人們，不禁受到觸動，那是一種對於所在之地的熱愛。

二〇〇五年，世貿第六次部長級會議在香港舉行，各地反世貿及反全球化的行動者，包括香港的行動者，聚集在港示威。遊行、跳海、苦行、衝突……以韓國農民為首的示威者最終與香港警方爆發激烈衝突，警方以三十四枚催淚彈及六顆布袋彈進行驅散，逾一千一百人被捕，時任警務處處長李明逵以「騷亂」來形容這場反世貿示威。這場後來被刻進香港歷史的社會運動，催生了香港人對於「直接行動」的啟蒙與認知。

從錯過了反世貿，至走入世貿現場訪問

就如my little airport的歌曲《宅女，上街吧！》所說，當年仍是初中生的我，還未開始關注社會上的一切，對於這場曾經在港如此熱議的運動，幾乎沒有任何

印象，而「錯過了反世貿」。直到後來，我才開始翻閱過往曾在香港發生的種種示威及抗爭，反世貿是近年香港抗爭年記中，與港人這麼近那麼遠的重要一課。

當年錯過了在香港的反世貿，當我在馬來西亞實習的時候，得悉世貿第九次部長級會議將在印尼峇里島舉行，乘着兩國地理之便，再次盤算：是否可以去峇里島進行採訪？

當時對於反世貿的論述沒有太多深刻的認知，但衝着有事情發生，很想在現場見證的慾望下，故向《獨立媒體》申請了外派記者計劃。確定前往峇里島後，我開始埋首了解全球貿易體制、反全球化的理念及論述，世界貿易中的權力關係等……

一九九五年正式成立的世貿，是獨立於聯合國的國際組織，以推動全球「自由貿易」為目標，職能主要是制定國際貿易的基本法則，處理成員國之間的貿易爭議，協助貿易順利、公平地進行，由各個成員國共同決定貿易規則，是全球化進程其中一個極富象徵性的國際組織。

一九九九年，世貿部長級會議在美國西雅圖召開，成千上萬群眾前往示威，抗議自由貿易為世界各地人民帶來破壞性影響。這場反全球化運動的參與者有着不同背景，從來自學生組織、工運、環境運動等的行動者，以至無政府主義者均來到這座城市，透過大規模的抗議行動，向世界發出反對因全球化帶來種種不公義的聲音。在全球化進程中，國家之間的貧富差距因「自由貿易」而不斷擴大，財富及權力亦集中在小部分跨國企業手上，並對全球環境造成破壞。

最終，那年的世貿會議因大規模示威而未能成功舉行，示威者與警察爆發衝突，也獲媒體廣泛報導。往後每當有世界性的經濟會議舉行，都會因反全球化運動而吸引媒體的眼光。

閱讀了大量有關世貿與反全球化運動的資訊後，我終於從吉隆坡國際機場出發。

來自各國的行動者，在會場以外示威

抵達位於峇里島南端的伍拉·賴國際機場，這個以陽光與海灘而聞名的旅遊島嶼，處處充滿異國風情，只是接下來的幾天，因着舉行世貿會議，而有連綿不斷的示威行動。

因公民媒體的限制，我無法申請部長級會議的記者證，加上公民記者的非主流視覺，致使我把當時採訪的

↑ 世界貿易組織第九次部長級會議在印尼的峇里島上舉行，來自世界各地的反世貿人士特地來到現場抗議。

題材聚焦在會議場外的各種抗議行動。一星期的行程，除了遇上來自香港的行動者，也碰到了台灣的農民及組織者、菲律賓前國會議員和印尼反世貿的組織者……

會議的場地在峇里島南部的努沙杜瓦（Nusa Dua），是島上較為豪華的旅遊地區。對於示威者的抗議行動，印尼當局早有防範，會場內外均戒備深嚴，若果沒有獲得入場的准許證，就無法進入努沙杜瓦十五公里內的範圍，示威者變相無法在會場外直接抗議，只能在三十里外的丹帕沙（Denpasar）舉行。有行動者批評印尼當局的做法是打擊示威及表達的自由。

世貿會議舉行的早上，以農民為首的組織走上街頭遊行示威，參與者來自不同國家，包括印尼、韓國、台灣、印度等，「END WTO」、「JUNK WTO」、「Down Down WTO」等口號不絕於耳。我跟隨抗議的示威人潮，與香港的反世貿示威相比，聲勢算不上非常浩大，但仍然聚集了一大批行動者，我在現場觀察，也與一些參與者聊天，嘗試進一步了解他們的想法。

遊行人士之一、來自「印尼氣候正義公民社會論壇」（Indonesian Civil Society Forum for Climate Justice）的 Mida 告訴我，世貿的本質造成發達國家與發展中國家在經濟上的不平等，亦在自由貿易的名義底下，縱容了富裕國家在貿易上的不公義行為，「我們要追求的是經濟公義，我

相信法律應該能彰顯公義的，但是現在的法律並不公義」。她認為世貿會議內只有國與國之間的角力，人民的利益往往被忽視，「我們憲法所保障印尼人民的權利，總會因為外貿公司的投資而被侵犯。例如天然資源遭到剝奪，現時印尼的棕櫚油產業大量操控在外資手上，我們沒有自主權。」

於二〇〇二年加入世貿、成為會員的台灣，農業是其中一個受到很大衝擊的產業。「農村陣線及捍衛農鄉聯盟」的組

織者與農民特地來到印尼，抗議在全球貿易體制之下，糧食進口扭曲了台灣本地的糧食狀況。在世貿協議底下，台灣被迫開放市場，從自給自足的糧食體系變成需要進口外國食物，政府取消對農業的補貼，打擊農民的生計。我在抗議的現場裏，認識了這群來自台灣的行動者，日後仍保持了聯絡。

除了遊行示威之外，反世貿團體於會議期間亦舉辦了一系列活動，例如工作坊、論壇、人民法庭等。當中吸引我的，是被視為抗議行動中的重頭戲「人民法庭」。

→ 來自台灣的「農村陣線及捍衛農鄉聯盟」，組織者與農民特地來到印尼，抗議全球貿易體制下扭曲台灣本地的糧食狀況。

以另類法庭，代受害者伸冤

這個另類的人民法庭，由印尼的組織團體舉辦，模擬法庭裏的審訊與舉證程序。他們派出法律團隊代表原告人，並且邀請五個國家的學者、公民團體領袖、行動者擔任法官一職，還有一眾對世貿提出控訴的受害者、證人、專家。人民法庭針對現行司法體制偏幫跨國企業所造成的種種不公，為因世貿及自由貿易協定投資而造成的違反人權及不公義事件作出審判。

「因為孟山都（Monsanto Company）①，在印度的農民一個又一個相繼死去。這間公司壟斷了種子的市場，政

①美國農業公司巨頭之一，曾為世界上最大的基因改造種子供應商，於二〇一八年被德國製藥及化工巨頭拜耳（Bayer）收購。紀錄片《苦澀的種子》（*Bitter Seeds*）曾揭露，印度農民過去借錢購買基因改造棉花種子及配套農藥，孟山都意圖操控市場價格。而使用基因改造種子及相關農藥後，農田無法再使用非孟山都的種子，致使當地農民因購買種子、化學肥料而負上龐大債務。一九九七年開始有農民自殺，自殺率亦持續上升。

府取消對棉花的補貼，只能引進他們的基因改造種子，棉農大多欠下巨債。他們賣給我們的有毒農藥，最後成了農民自殺的工具。」

「從GATT（General Agreement on Tariffs and Trade，關稅暨貿易總協定，是WTO的前身）到WTO，多邊貿易體系的權力不斷擴張，如今跨國企業甚至超越了國家政府的地位。政府制定法律政策的權力，甚至被所簽訂的貿易協議所凌駕。」

在人民法庭裏，來自各國的受害者及證人均對世貿體制造成的傷害，作出了種種的控訴。這一次，人民法庭共審理了十四宗不同國家的案件，包括農民與原住民的死亡（自殺）、水及公共服務遭私有化、婦女被過度剝削及商品化等等。在現實當中，這些個案的法律訴訟仍未完結。

↑ 在世貿會議期間，反世貿團體舉辦了一系列活動，包括人民法庭。

在現行體制中，因全球自由貿易系統遭衝擊的人，無法有效透過司法途徑爭取自身的權益。舉辦一場由民間自發的人民法庭，是因為反世貿行動者仍然相信以法達義的原則，期望透過公開的審訊，突顯世貿體系下「大國欺壓小國」的不公情況。

「這是一個另類法庭，我們認為司法體系應該能夠彰顯公義。可是現實中看到的，往往是有權力、有錢的人在法律的遊戲中佔有優勢，我們希望打破這不公的體制。人民法庭是一個起點，這是我們提出的替代方案，我們需要另類機制保障人權。」

來自印尼、法律團隊成員之一的 Priadi Talman 向我表示，在整個審訊過程結束後，除了公開文件，亦會將文件發送至國際團體及各國政府，期望形成一定壓力。Talman 又指，人民法庭曾經要求被告的跨國公司出席是次審訊，但不意外地，對方沒有理會，「如果按照現有的法律體制，被告在傳召三次都不出現，就可以把他送進監獄了。」

草根婦女最容易淪為世貿的犧牲品

世貿會議舉行的第三天，我仍然跟隨行動者們的步伐，去到示威現場。這一天，反世貿行動者嘗試突破印尼當局的封鎖，前往會場外抗議。

化整為零的突襲行動，三十多名示威者兵分幾路從丹帕沙抵達會議場區努沙杜瓦，最終成功抵達會場對面的空地，「Down Down WTO!」的口號終於能在會議中心外響起。半個小時左右的示威，印尼警方沒有阻撓，行動者最終和平散去。

↑ 來自香港、菲律賓、印尼的抗議者聚在一起交流，包括菲律賓前國會議員 Liza Maza（右四）。

在這次突襲行動中，我遇到了菲律賓前國會議員 Liza Maza。Liza Maza 曾代表菲律賓左翼政黨「嘉布瑞拉婦女政黨」參選國會議員，後來成為了「國際婦女聯盟」的主席。行動結束的晚上，我在行動者下榻的酒店大堂，聆聽她分享過去數十年間參與社會抗爭行動的經歷。

從大學時代已投身社會運動的 Liza，於二〇〇一年踏上國會的舞台，共當了三屆的國會議員。這些年間，她一直秉持這樣的信念：「我首先是行動者，然後才是議員。」

西雅圖是 Liza 參與反世貿示威的起點。二〇〇五年的冬天，她也來到香港，「那年我是代表『嘉布瑞拉婦女政黨』參與，當時我們在香港舉辦了一個婦女法庭。今次再來到峇里，仍然希望能以行動向世貿作出抗議。」

一直從事婦女權益工作的她表示，草根階層的女性最容易淪為世貿體制下的犧牲品，「婦女議題和WTO的關係很緊密，在新殖民主義，及以美國為首的帝國主義政策下，婦女所受到的傷害是顯然易見的，尤其是來自草根階層的她們。」

「菲律賓加入世貿後，愈來愈多農產品進口到我們的國家，農民不能維持生計。農村婦女情況尤其艱難，處境完全被漠視。另外，國家的農地逐漸掌握在私人公司手中，農民喪失他們的土地後，選擇離鄉，走進城市。但城市失業率也很高，只得到國外尋找工作，成為外勞的一份子。」菲律賓於一九九五年加入世貿組織，是世貿創會成員國之一，過往曾為農業出口大國的菲律賓，後來因外來農產品對本地市場的衝擊，導致農產品出現嚴重的貿易赤字，迫使愈來愈多國民到外國尋覓生計。

Liza認為，在這樣的情況下，低下階層擁有的話語權本已不多，婦女的聲音更加被邊緣化，無法被聽見，也無法被看見，「我們這次到印尼抗議WTO，是希望婦女的聲音可以被聽見，同時不希望WTO繼續存在。」

與Liza聊天的過程中，不禁想起在香港這片繁華之地，有一班來自菲律賓的外傭群體。外傭們的離鄉背井，與我們在同一座城裏生活，這麼近那麼遠的她們，各自的故事也是全球化浪潮之下的景象。

香港行動者在峇里反世貿

反世貿行動聚集了不少世界各地的行動者，也包括香港人的身影，有左翼青年專程來到峇里島，與各地組織一起反世貿。

二〇〇五年時仍然是中學生的Napo，那年正準備會考，錯過了在港反世貿一役，後來加入了香港的左翼組織，趁着是次機會特地來到峇里島。除了表達聲音，也趁機觀摩世界各地的組織及抗議模式，「希望能看看來自不同背景的經驗，香港作為WTO的成員，貿易協議的簽訂對各階層都會有影響，無論是基層還是中小企，都會因為開放市場造成的惡性競爭，受到一定程度的衝擊」。

屬於九十後的左翼青年MA，由於當時年紀太小，對於香港反世貿抗爭沒有太多記憶，「二〇〇五年的時候，我還很小，只有透過新聞報導得知香港反世貿的情況」。在港一直跟進外傭議題的MA，今次跟隨外傭團體一同來到峇里島，「之前曾到菲律賓觀察當地的社會運動及組織，印象非常深刻。剛好世貿會議在印尼舉行，希望能親身前往觀察外國的社會運動。」

一連五日的世貿部長級會議終告結束，各國在談判桌上經過一番爭議及角力後，終通過了被稱為「歷史性協議」的《峇里套案》（Bali Package），是世貿自一九九五年成立以來，第一份達成的全面性多邊貿易協議，如簡化海關及口岸通關程序、為開發中國家提供一系列農業相關服務、協助最低度開發國家發展貿易等。

另一邊廂，印尼的反世貿抗議行動以和平的姿態落幕，沒有出現如過往反世貿行動的衝突畫面，採訪工作亦告一段落。出發之前，我一直處於焦慮狀態，對於議題的不熟悉、龐大的資料不知從何入手、採訪應以哪種角度切入……直到最後一天，我終於可以鬆一口氣，過程中也幸而有《獨媒》編輯從旁協助。

短短一星期的採訪，有太多值得記取的回憶，吸收了好多資訊，而一系列的報導，或有很多不足，但總算完成了。我再次嘗試在海外採訪的滋味，雖然焦慮滿滿，卻是另一趟打開眼界的旅程。

在峇里島美麗的海灘上，望着一望無際的海岸線，想起在這次抗議行動的其中一天，遠洋來到印尼的韓國農民，在峇里島東南方的海岸上，披上痲衣、以跪拜大禮，記念韓農李京海。

二〇〇三年，世貿於墨西哥坎昆舉行第五次部長級會議，李京海在會場外示威，並且衝破了警方的防線，用瑞士刀插入自己的心臟，以死控訴世貿對於韓國以及全球農民的迫害。李京海臨死之前，留下最終的口號，是「世貿殺死農民」。

原文刊於《獨立媒體》

我在馬來西亞的獨立媒體實習

二〇一三年五月，馬來西亞舉行全國大選，該場大選被形容為馬來西亞自一九五七年獨立之後，競爭最為激烈的一次選舉，甚至有機會結束執政聯盟「國民陣線」（「國陣」）長達接近六十年的專政統治，形成「改朝換代」的政黨輪替局面，在威權政治體制下，推動國內的民主化步伐。

那一年，為了抗衡選舉舞弊的情況，選舉前夕，不少身在海外的馬來西亞人都熱烈地進行動員，回國投票，選舉氣氛異常熾熱。然而，那年的「變天」終告失敗，「國陣」繼續執政。

在這樣的時空背景下，選舉過後的十月，我來到了

↑ 因緣際會之下，我在東南亞之行的第二部分，來到了馬來西亞獨立媒體 KiniTV，展開了為期兩個月的實習。

馬來西亞。我結束了三個月較為輕鬆悠閒的背包旅行後，在馬來西亞逗留了兩個月，此行的目的是在當地的獨立媒體《當今大馬》轄下的網絡電視 KiniTV 實習。

這個創立於一九九九年的獨立媒體，由傳媒人顏重慶所創立。當時馬來西亞的主流傳媒被政府嚴格控制，也被政府直接或間接擁有。網絡世界是一片仍未受到監管的地方，受到的審查程度較低，《當今大馬》便在這樣的背景下出現，成為馬來西亞網絡媒體的先行者，報導那些主流媒體不會報導、被政府審查以外的資訊。

從成立時候只有五人，這個獨立媒體逐漸發展成為過百人的新聞團隊。二〇〇五年，《當今大馬》中文版創立，創立中文版的主編楊凱斌後來成立了網絡電視 KiniTV。

我在大學的時候，因着對於社會事件的關注，成為《獨立媒體》的特約記者，早聽過《當今大馬》，趁着這次東南亞之行，想累積不同地方的媒體經驗。有個老師與楊凱斌相識，在他的幫忙下，我聯絡上這個實習時期的上司，敲定了這個難得的機會。

有別於過往在《獨媒》時的義務記者，報導以自己關心的議題為出發點，KiniTV 的工作更類似主流媒體的日常運作：每日跑記者會、採訪示威抗議行動、專題報導、追蹤報導等。還未到馬來西亞之前，凱斌曾「警告」我，由於每日製作的新聞量多，要面臨隨時「被吼」的心理準備，幸運地從來沒有遇上這樣的情況。

實習的第一天，我來到《當今大馬》的辦公大樓，KiniTV 的辦公室在其中一層。作為一個外來者，我對於馬來西亞的時政並不熟悉，因着這樣的緣故，我每日跟着全職記者去不同的採訪場合，又因着媒體的性質，工作幾乎都是拍片和剪片，擔當類似錄像記者的角色。

在KiniTV實習之前，我對於拍片和剪片，可以說是一竅不通，只能夠一邊做一邊學，一邊惡補馬來西亞的時局資料，初嘗真正做日常新聞（Daily News）的滋味，也對於展開這兩個月的實習，充滿期待與焦慮。

短短兩個月間的新聞機構實習，讓我獲得很多與背包旅行截然不同的體驗。如果不是在KiniTV實習，來到馬來西亞，我大概不會有機會去各大政黨的記者會、採訪抗議示威的場合、社區活動，甚至有機會走進全球第二大的漢生病（舊稱痲瘋病）療養院——「希望之谷」，進行專題報導。

日常新聞訓練，出席政黨記者會

當時的馬來西亞，處於執政聯盟「國陣」贏得大選，再次順利執政的時空。

一九五七年，馬來亞聯合邦脫離英國正式獨立，直到一九六三年連同現在被稱為「東馬」的沙巴、砂拉越，以及新加坡共同組成多元民族國家馬來西亞。「國陣」的前身「聯盟」在仍未獨立的一九五一年成立，「聯盟」包括當時的三大政黨：馬來民族統一機構（巫統）、馬來亞華人公會（馬華公會）和馬來亞印度國民大會黨（國大黨），在獨立的過程裏扮演重要角色，也於一九五七年馬來亞獨立之後成為執政聯盟。「聯盟」在一九七三年擴大組織，也就是後來的「國陣」，持續執政長達數十年。

雖然馬來西亞定期舉行選舉，名義上透過民主機制運行，但當地的選舉及政治參與偏向執政聯盟，使反對黨難以在選舉中獲勝。有感選舉制度的種種不公，由公民社會及政黨所組成的「乾淨與公平選舉聯盟」(「淨選盟」)於二〇〇六年成立，並於二〇〇七至二〇一六年期間，先後舉辦過五次集會，抗議選舉舞弊及不公，要求政府對選舉制度進行改革。

當時被視為唯一能與「國陣」抗衡的反對力量「人民聯盟」(「民聯」，已於二〇一五年解散)，成立於二〇〇八年，成員包括人民公正黨、民主行動黨、伊斯蘭黨、砂拉越國民黨，屬於馬來西亞的民主力量陣營。

兩個月的時間裏，我去過巫統、馬華公會的記者會，也去過人民公正黨、民主行動黨的記招。在日常新聞這部分，基本上我只負責拍片，整合資訊及報導由主要的記者負責，然而這些「跑 Daily」的日子裏，也令我對於馬來西亞的政治形勢，多了認識。我曾連續一段時間去馬華公會的記者會，見識了之前不曾預想的場面，會上全是政黨領導層公開地互相攻訐，朝野鬥爭厲害，某程度像在看戲看熱鬧，但心裏不免有點納悶，這樣的政治新聞，到底有什麼意義？

現在回想，那時的想法還是過於幼嫩，一心只想做自覺有意義的採訪報導。後來，當我成為全職記者，每次找尋舊聞資料、翻查公眾人物曾發表的公開言論時，才意識這些看似「無聊」的日常新聞的重要性。「新聞是歷史的初稿」，如果沒有了日復日的紀錄，進行深度報導時會缺少素材，難以成為線索，而對於重大新聞的後續報導，日常新聞其實佔了一個重要的位置。

此外，在不同的記者會上，有的記者的發問往往有力並且一針見血。聽其他同事說過，有《當今大馬》記者曾因發問過於尖銳，好些政黨都不歡迎她出席記者會，卻令我對「如何才能問到正確的問題」，埋下了一顆小小的種子。

離開以後，那些戲劇性的軌跡

二〇一八年，大馬再次舉行大選。反對聯盟「民聯」於二〇一五年因伊斯蘭黨與民主行動黨斷交而解散，由人民公正黨、民主行動黨和國家誠信黨組成的「希望聯盟」同年成立，其後大馬前首相馬哈迪（Mahathir Mohamad）成立的土著團結黨加入。因着這名前首相的加入，「希望聯盟」在二〇一八年的大選中，獲得國會二百二十二席中的一百二十二席，使馬來西亞首次實現了政黨輪替，馬哈迪再次成為大馬首相。

這個曾經於巫統（「國陣」中最大的成員黨）執政時期在位長達二十二年的前首相，在二〇一六年宣佈退出巫統之後，竟在二〇一八年以反對者姿態，帶領反對聯盟首次勝選，終結了「國陣」長達六十一年的執政，實行首次政黨輪替，也以九十二歲的高齡，再次擔任首相。

惟在二〇二〇年，馬哈迪突然宣佈辭職，而時任土著團結黨主席慕尤丁（Muhyiddin Yassin）宣佈帶領該黨退出執政聯盟，「希望聯盟」因此失去了國會大多數議席而倒台。突然冒起的慕尤丁靠着與在野政黨（包括前執政聯盟「國陣」、伊斯蘭黨等）聯合組成了新的「國民聯盟」政府，並在得到國家最高元首同意之後，於同年成為馬來西亞第八任首相。

慕尤丁在任僅一年，便因失去國會過半支持、加上民眾抗議政府抗疫不力，於二〇二一年宣佈辭職，

「國民聯盟」政府倒台，而他成為大馬史上任期最短的首相。

二〇二二年，大馬再次舉行大選，而等待了數十多年，前副首相、後成為反對黨領袖及標誌性人物的安華（Anwar Ibrahim），終於成為了這個國家的首相。

歷史的峰迴路轉，在大馬政局上可謂發揮得淋漓盡致，在跑政黨記者會的期間，已暗暗地感到這裏的政治一日都太長，但沒想過的是，戲劇性轉變和軌跡，都在我離開之後才一一發生。

二〇一七年，我重訪檳城，那時變天仍未發生。本是馬來西亞社會主義黨成員的好朋友騎着電單車載我環島，聽他談起大馬那些年來的轉變。他說，二〇一三年的變天失敗之後，當地的公民社會陷入了一種無力的低迴處中，馬哈迪加入反對聯盟，儼成了一個反抗的標誌，苦笑道這像是歷史的諷刺。當然，後來發生的一切也不是很多人所能預料。

想起《獨裁者的進化：收編、分化、假民主》（*The Dictator's Learning Curve: Inside the Global Battle for Democracy*）作者威廉・J・道布森（William J. Dobson）曾訪問過安華，談及馬來西亞威權體制間的種種角力。

有時，看着那些我所認識的人，我們之間的距離，好像並沒有那麼的遙遠。

以發展之名，無法匹敵的時代巨輪

在政黨的記者會以外，我也跟着全職的記者同事走訪不同的記者會，其中一個是森美蘭州文丁客家村的村民舉辦。當時發展商強行拆遷他們的家園，爆發肢體衝突，警方執法時暴力對待村民，導致多名村民受傷及被捕。在記者會上，當地左翼政黨社會主義黨與受傷的村民去馬來西亞人權委員會投訴，要求調查警方濫權、拆屋行動不合法、執達吏偏袒發展商等等……在我眼前的，是一個個遭到暴力對待而受傷的身軀。

在發展巨輪下，被淘汰的百年客家村

後來，有藝術工作者與村民在文丁客家村舉辦導賞團，邀請外來者進入村裏認識當地的歷史及文化，也是因為採訪的緣故，我來到這條已有過百年歷史的客家村。

文丁客家村位於吉隆坡南邊，屬於馬來西亞森美蘭州的一個小村落，早年不少來自廣東惠州、梅州的客家人遠洋到「南洋」當礦工，

← 市議會與發展商打算在有着過百年歷史的文丁客家村興建新市鎮，而將在村內生活了大半輩子的村民驅趕，引發了捍衛百年客家村的保育行動。我因着工作緣故，被派到現場採訪及拍攝。

然後留了下來，在馬來半島築起了不同的客家聚落，而文丁是其中一個知名而古老的客家村，記載了華人從中國到南洋的歷史。這條村落住了五、六代人，一直沒有正式的地契，故引發了發展商驅趕村民而爆發衝突的事件。

村民在村落裏活了半輩子，直至二〇〇五年，市議會和地產商決定要在文丁建立新市鎮，市議會將客家村地段轉讓予發展商，要求收回村民的土地，為發展開路。村民收到發展商的信，指他們「非法佔用」私人土地，要求他們搬遷。不願搬離的村民，遭發展商暴力驅趕，而在警方的護航下，發展商強行拆除村內的房屋。

跟隨其他記者走進客家村，我手持攝錄機，將這條村莊的面貌記錄下來。一進到村裏，「捍衛百年客家村」、「無良發展商發大財、客家村百年村屋沒了、我們要發展商滾蛋」等白底紅字的橫額映入眼簾。

文丁客家村召集人張次耀在導賞團期間表示，「這個村莊如果能夠保留，不只是我們客家村人的光榮，反而是全馬來西亞華人的光榮」。沒有了聚落的載體，歷史將會變得蒼白空洞，而這次事件，也為其他沒有正式地契的類似村落帶來相同的憂慮。

聽着村民的分享，如此耳熟能詳的故事，發展與拆遷的爭議，聽着聽着，不禁想起了香港的情況。在那幾年，香港有很多同類的故事，從菜園村的「不遷不拆」、新界東北發展的爭議、橫洲收地……這些畫面在腦海中重疊起來，以發展之名的巨輪，無情地將珍貴的事物一一輾碎，人與土地的連結、居住正義，關乎人的尊嚴，也關乎我們如何看待身處的那一片土地。

這次走進文丁客家村，讓我想起了最初對於社會的認知與參與，是來自菜園村因為廣深港高鐵的興建而被拆遷的反迫遷運動。第一次走進菜園村，也是參加導賞團，透過親身接觸了解更多村落的故事，以及反對迫遷的理據。

在菜園村的導賞團，我認識了朱凱廸，後來是在朱凱廸的邀請下，加入了《獨媒》成為特約記者，打開了往後一切經歷的開端。在那些年間，對於迫遷議題的關注，也為日後在其他國家看到相似的情況時，有了一些理解的輪廓，從而思考得更多。在世界不同角落，迫遷的劇目不斷重複上演。

這次走訪文丁客家村，除了接觸到當地村民及代表以外，也採訪了發起活動的藝術工作者，以及特地從吉隆坡前來參加導賞的市民。有參加者表示，吉隆坡已有很多地方因為發展之名而被拆掉，漠視當地人的意願，事件重複發生，導致他們想走進來了解更多。透過實地參觀這條面臨迫遷的客家村，能更立體地了解為什麼村民希望捍衛這一條充滿華人歷史和文化的村落。

在這場迫遷風波過後，發展商展開工程，有些房屋被拆除，也有居民搬走，留下來的居民仍然沒有土地的擁有權。十年過去，文丁客家村的未來仍然沒有定向，雖然在二〇二二年森美蘭客家文化協會設立了「客家文化博物館」，當年的召集人張次耀擔任博物館的文化主任，然而包括張次耀在內，留下來的村民仍然繼續爭取捍衛保留這一條百年村莊。

以藝術創作，回應老街的遷拆計劃

又有一次，我被派去拍攝「茨廠街．鄉音館」的開幕活動。位於吉隆坡老城區南部的唐人街——茨廠街（Jalan Petaling），有各式攤販、商鋪和餐廳，人來人往，異常熱鬧，也是吉隆坡著名的旅遊景點之一。

毗鄰茨廠街的，還有一條蘇丹街（Jalan Sultan），屬於華人到來吉隆坡最早落腳的街道之一。街道上的店鋪主要為華人所擁有，多間百年老店座落在這兩條老街上，附近一帶的建築也在十八世紀吉隆坡開埠發展的時期已經興建。這兩條老街承載了吉隆坡人的集體回憶，而在大馬華人文化傳承中，也佔了很重要的位置。

二〇一一年，大馬政府宣佈要推行「大吉隆坡捷運計畫」，徵用蘇丹街和茨廠街一帶合共三十四間老店，那些老建築物及老店在發展之名下，面臨拆遷的命運，老街的社區網絡及連結因而被打散。背後帶出的另一個有關城市規劃的命題是：吉隆坡人無法參與及決定這座

↑ 位於吉隆坡老城區的茨廠街，是華人到來吉隆坡最早落落腳的街道之一，承載了吉隆坡人的集體回憶，但因「大吉隆坡捷運計畫」，面臨拆遷的命運。在一些反拆遷的抗議行動中，我也曾進行拍攝記錄的工作。

城市的規劃和發展。

自拆遷計劃公佈之後，馬來西亞藝術工作者及保育人士發起了「茨廠街社區藝術計劃」，透過不同活動帶領民眾深入認識茨廠街及蘇丹街一帶的老街，包括深度導賞、口述紀錄、街頭表演、突擊藝術行動，以喚起公眾更多的關注。廣播人、鄉音考古工作者，後來成為了金馬獎最佳新導演得主的張吉安，是這場社區保育運動的參與者，也是「茨廠街社區藝術計劃」發起人之一。

二〇一三年，張吉安在茨廠街租下了一個單位，成立了一個名為「茨廠街・鄉音館」的文化項目，除了重新呈現逐漸沒落的鄉音文化之外，也希望透過結合鄉音、文化藝術、茨廠街要素，用另一種形式為老街重新賦予生命力。

張吉安表示，「希望以建設的方式讓更多人去關心這條老街，我們以文化藝術來建設它，以一種比較溫柔的方式讓大家看到這條老街的生命力」。「茨廠街・鄉音館」以展示、演出、藝術家的交流計劃為主，也在這個空間裏呈現茨廠街過去多年的文化藝術。

他認為，鄉音文化正正反映出馬來西亞華人的獨特性，無奈隨時代變遷，這種文化逐漸沒落，「馬來西亞華人最獨特的文化素養及厚度都是來自南方文化，而南方文化恰好都是鄉音文化，連接着的是很多民間的文化藝術，包括民間的大戲、戲曲、音樂、古蹟……當鄉音文化慢慢被人遺忘之後，當我們慢慢不了解鄉音文化之後，慢慢就會少了對民間鄉音載體的認知。」

聽着張吉安道來成立鄉音館的緣故，想起抵達吉隆坡的第一天，朋友帶我去了因為興建鐵路而被迫遷的七十五年老店「樂安茶室」，那是樂安最後一天營業。這家茶室是數代吉隆坡人的集體回憶，還是敵不過發展巨輪，從此邁入歷史。

無論有着如何豐富的庶民歷史與記憶承載，但因發展之名而導致的迫遷，就好像是一股時代的不可抗力，除了記錄保存之外，好像始終無力挽回什麼。

而「茨廠街．鄉音館」這座保存歷史及展現的藝文空間，於二〇二〇年新冠疫情期間，也因租金高昂、曾被爆竊等原因，最終遷出茨廠街，無限期休館。

後記．走進媒體，在夾縫之中報導真相

我在馬來西亞逗留了兩個月，時間不長，但學習到的東西很多。除了日常新聞的運作流程，還能透過實習的機會，較為深入地了解馬來西亞的社會和時局發展，也看到一間在威權社會仍然堅守價值的獨立新聞機構，到底是如何與政權「鬥智鬥力」，在夾縫之中報導真相。後來，我才發現生命裏冥冥之中有一些牽引，一直影響日後的路向。

來到KiniTV之前，我一直很焦慮，擔心人生路不熟，無法應付實習的要求。即使之前有特約記者的經

驗，但沒有接受過正式的新聞採訪訓練，不免有點心虛，對於未知的狀態也感到不安。有次，我與凱斌談到那段時間的焦慮，他說那些經驗都是珍貴的，讓人深刻地記住那些在路途上的時刻，也讓人成長。這個在我出發前說要有「被吼」心理準備的上司，臨別時寄語我：「祝福你在其他國家也體驗更多。當然，最後還是要找到自己的崗位，發揮到最好。」

這趟東南亞的行程，基本上是一邊走一邊規劃，除了這個在出發前已敲定的實習。經過這個難得的實習機會，我也對於記者的角色，多了一層的感受與反思，本來只是想在旅途上體驗更多，也想嘗試在媒體機構「跑新聞」，然而當時幾乎每日被編排到不同的記者會進行攝錄工作，結束後回到公司撰稿剪片，節奏急速而密集，有時不免感到疲累，也會思考這是否就是我想從事、心目中理想的新聞工作。

實習完結，我對於日後是否真正走進媒體這一個行業，還希望保有更多開放的空間，讓未來有更多的可能性。只是沒有想過，兜兜轉轉，這麼多年間，我一直沒有放下記者的身分，畢業後從事全職工作的五年，都是在媒體機構渡過。縱使現實世界的路愈來愈崎嶇，大概因為真的很喜歡這份工作，在那個世界遇上太多令人着迷的人和事，才讓人難以放棄吧。

曾經與世隔絕的希望之谷
——雙溪毛糯療養院

在KiniTV實習期間，因我不熟悉馬來西亞的時政，上司多分配攝影工作給我，跟同事一起合作，跟進日常新聞，但偶爾有一些專題，可以花上較長時間進行資料搜集，也會安排我獨自進行深度採訪。因此，我有機會走進全球第二大的漢生病療養院——「希望之谷」。

在距離吉隆坡二十五公里外的雙溪毛糯（Sungai Buloh）山谷區，有着一間曾是世上第二大、設備最先進的漢生病療養院。在早年漢生病（又名麻瘋病）未被醫學界及社會充分認識、仍被認為是不治之症的年代，大眾對於這傳染病有大量負面的印象，皮膚潰爛、五官變形扭曲、因手腳壞損而截肢等症狀及後遺症，使病患在外觀上非常顯眼，因而受到社會的歧視與標籤。一九二六年，英殖政府頒佈《麻瘋病患法令》，對病患採取強制隔離的政策及措施，病患被迫接受隔離，麻瘋病營分別集中在馬來半島的不同地方，病患從此過上與世隔絕的生活。

曾經自成一角、與世隔絕的病院

雙溪毛糯療養院在一九三〇年成立，一九六五年改名為「雙溪毛糯麻瘋病院」，並在一九六九年正式命名為「國家麻瘋病控制中心」，此處有另一個美麗的名字：希望之谷（Valley of Hope）。伴隨着較為人化性的規劃設計，希望之谷的院區在規劃上儼如一個自成一角的小社區，除了醫院之外，還有供病患住宿的小屋、社交俱樂部、咖啡店、雜貨店、會館、改良所、學校、戲院、郵政局、警察局、監獄、宗教膜拜等場所。

高峰時期，希望之谷曾有超過二千名病患居住，隨着醫學昌明，漢生病不再是不治之症。二〇一〇年，院內的康復者只剩下不足二百人，因着各種原因，他們一直沒有離開，留在希望之谷，繼續生活。

在雙溪毛糯站下車之後，前新聞工作者、一直為希望之谷書寫口述歷史及發聲的陳彥妮帶我去希望之谷，也帶我認識當中的院民。

走進希望之谷，這裏有必須存在的醫院，但沒有一般醫療場所的冰冷之感，也有已經停辦的學校、各式各樣的會館、咖啡店等等，居民在此自娛自樂。除了這些場所以外，這裏還有一個以院民為主的自治組織「雙溪毛糯麻瘋病院參議會」，為院民提供各方面的福利。

雙溪毛糯麻瘋病院參議會主席陳興表示，以前院裏的人跟外面的人沒有太多接觸，與社會比較脱離。初進病院的日子，政府每日都會提供膳食，「這裏什麼人都有，福建人、潮州人、廣東人、馬來人、印度人，也有很多會館，有十多間會館。」

據陳興説，療養院那間已經停辦的學校，全盛時期有二百多名學生，接受的是英語教育，「每個學生都很聰明，以前的試卷是寄去外國，考的是劍橋的文憑。」六十年代，成功研發治療漢生病的新藥後，「很快每個人都好了，很多年輕人出去外面謀生，沒有再住在這個地方。學校關閉了，學生都出去了，沒有年輕人留在這個地方，今天變成老人院。」

在漢生病得到控制以後，病院逐漸開放，外人有機會一探院內的面貌。

慢慢向外開放，尋找失落的關係

從最初的與世隔絕，到了六十年代開始有外界的人走進來，這個群體漸漸得到愈來愈多人的關注，直到二〇〇七年，瑪拉工藝大學要在這裏興建醫學院，需要把病院的東院拆除，引發很大的爭議。不少有識之士高呼歷史建築遭到破壞，民間發起了一場「搶救希望之谷」的行動，再度喚起人們對於這座病院的記憶，也吸引更多年輕一代了解這個在國際醫療史上佔有重要價值的地方。同一時期，台灣發生了相似的「樂生療養院爭議」①，兩地透過互相交流和支援，讓雙溪毛糯療養院的名字在國外流傳。

「六十年代，有一個醫生說不可能這樣把門關上，一定得開放給外面人進來交流和來往，所以我們才慢慢和外面人接近。」陳興說。因此，愈來愈多外面的人，走進雙溪毛糯療養院，而把主席陳興介紹給我做訪問的陳彥妮，是其中一個積極參與這個社區的「外面人」。

前新聞記者、馬來西亞《ntv7華語新聞》主播陳彥妮因着工作的關係接觸雙溪毛糯療養院的康復者，被他們的故事深深地觸動，認識了裏面的居民之後，彼此建立了關係，成為了好朋友。

退下新聞前線之後，彥妮和同事黃義忠合寫了一本記載院民口述歷史的《回家》，副題為「痲瘋病康復者與後代集體被隔離的情感世界」。因着隔離政策，當時居住在裏面的院民生下來的孩子都被強行帶走，離開親生父母。很少有人關注這個面向，以至院民在這方面的

①台灣的樂生療養院，成立於日治時期，最初是用作強制隔離漢生病病患。一九九四年，台灣省政府衛生處將樂生療養院賣給台北市政府捷運工程局，院區被規劃為捷運機廠用地，面臨被迫拆遷的命運，自二〇〇四年起社會各界陸續發起「保留樂生運動」，後來政府規劃「樂生園區整體發展計畫」以保存樂生的文化歷史價值，但仍屢爆出不少爭議。

情感，於是，彥妮她們寫下了這一本書，出席不同的講座和分享，希望有更多病患康復者的下一代可以回來，尋找自己的親生父母，以及了解他們生活的這個地方。

幫助康復者和他們子女重建家庭關係這一條路並不容易，既有技術性的部分，也有情感的問題。

「我們早期走得比較辛苦，有後代回來，就帶他們去跑幾個政府部門，又因是個人申請，拖了很長的時間，可能找一張出生紙也要跑三趟。」透過不斷與院方接觸，尋求更大的協助以後，在副院長的支持下，情況變得順利。「通過政府跨部門的合作，慢慢看到成效。現在還在找孩子的康復者，我們就會通過院方的幫忙。」雖然成功的例子說不上很多，有一些下一代也由於各種原因，不願意回去與雙親相認，可每一次看到父母子女重聚的場面，都是讓彥妮繼續走下去的動力。

《回家》出版以後，彥妮本來打算把收入都用作設立雙溪毛糯社區文物館，跟參議會開會以後，決定成立網路文物館。經過兩年的籌備，在義工團隊的幫忙協助下，同樣名為「回家」的網頁正式上線，記載着雙溪毛糯這個社區的由來和歷史，有院民的短片、老照片、影像化的古董文物和文獻，還有過去所作出的努力。

文物館除了作為一個展示以外，同時也是一種保存的方法。院民兼資料室負責人熊榮生（Philip）是這個網路文物館的諮詢顧問，在兩年的籌備過程中，幫忙很多。Philip 擔心，如果沒有人整理這個社區的資料，在不久的將來有可能全部消失。當時雙溪毛糯療養院只剩下一百九十八名老人，這個有着時代意義的地方要被人記住，文物館是一道很重要的橋樑。

陳彥妮說，「這是一個很神聖的地方，它的歷史很

↑ 上個世紀不少國家曾設立麻瘋病院隔離患者，包括在台灣的樂生療養院。

值得被保存。希望大家看了之後對這個社區的過去可以有個完整的理解。」

在記者與受訪者之間，其他的可能性

前往雙溪毛糯進行採訪，本來只是抱着「日常工作」的心態，但在彥妮的陪同下，接觸的居民都待我這名外來者非常熱情，主席陳興送我一大束鮮艷的紅毛丹，居民白頭福邀我結束工作後共晉晚餐，惟那日工作過後要匆匆離開，無緣再進一步認識。後來彥妮跟我説，白頭福叫我離開馬來西亞之前，再過來雙溪毛糯和他們吃個飯。

在日復日密集的政治新聞體驗下，難得有機會負責由自己一手一腳採訪、拍片、撰稿、剪片的專題報導，並且能夠因為採訪而認識這個具有歷史價值及意義的地方。居民的熱情一直烙印在我的腦海中，而這成為了日後經常思考的一個問題，記者與受訪者之間，可以有怎樣的關係？

我是因着被指派的「工作」而進入那裏，但有些人與人之間的連結，是在採訪以外發生的，有些情誼是超越記者與被訪者這一種線性的關係，如同我想起彥妮的經歷，從採訪工作起始，再一步一步參與雙溪毛糯這個社區的各種行動，與居民已從記者與受訪者，轉化成為熟稔的好友。

撇除了新聞的「客觀」與「專業」守則之後，在陳彥妮及雙溪毛糯那群熱情的居民身上，讓我看到了新聞報導以外，說故事的另一種可能性。

菲律賓、馬來西亞、美國夏威夷、澳洲、日本等地

過去皆曾設立麻瘋病院，這些院舍的存在也象徵着全球公共衛生史上重要的一頁，後來在台灣居住的時候，有機會參加了樂生療養院的導賞團，而有一次在日本瀨戶內海一帶旅行時，得

↓ 因曾採訪雙溪毛糯療養院，後來我在日本旅行時，特意前往過去用以隔離麻瘋病患者的大島。目前這個島嶼只剩下數十名居民。

悉大島是過去日本政府隔離漢生病患者的地方，就有了想去該小島一看的念頭。

坐上從高松駛往大島的航船，踏上只剩下數十名超過八十歲居民的小島。島上的人大都是昭和年代就被送到這裏進行隔離的病患。展板上寫着，當時政府告訴他們，在島上治療兩、三年後便能回家，結果卻在島上渡過了餘生，一輩子都背上了歧視與疾病的污名。因着藝術祭，小島才開放遊人進去。

這些曾經在採訪時接觸過的議題，一直記在腦海，引領我前往不同的角落，繼續窺看這個世界的各種面貌。

→ 在大島上的博物館，展示着日本法院判決的新聞，法院認為國家早年的隔離政策違憲，應負賠償之責。

我獨自生活——旅居台北的日子

東南亞之行結束後，餘下的半年，我去了台北，在另一個城市展開旅居生活，也是人生初嘗獨立生活的滋味。

過往旅行或實習的移動經驗裏，我很少在同一個城市逗留超過兩個月，一直很想體驗在另一個城市建立另一種生活的模式。這個念頭，驅使我停下旅行的步伐，以半年的時間，在一座城裏停留下來。

在此之前，我從未去過台灣，對於島嶼的事物，沒有什麼概念，也沒有太多的印象。除了曾經盛極一時的偶像劇、喜愛的歌手與樂隊，還有香港那些不太正宗的台式料理外，我對於台灣好像隔着一層朦朦朧朧的面紗，有一種莫名的想像。

選擇到台灣旅居，主要是地理位置與語言文化相近，也因物價相對較低，可以負擔生活的開支。基於這些因素，二〇一四年的初春，我來到了距離香港大約一個半小時機程的島嶼，抱持滿滿的期待，展開在異地的生活。

由於台灣的物價水平不高，即使身處台北這個繁華的都市，要尋找小小的容身之地沒有想像中困難。在網絡上的租屋平台千挑萬選之後，我終於在新北市板橋區尋到一個六坪（約二百呎）的小單位，成為日後半年的居所。

英國著名作家吳爾芙（Virginia Woolf）曾經在《自己的房間》（*A Room of One's Own*）寫過，「每個女人都應有完全屬於自己的房間，在這裏她可以自由地沉思、冥想與創作。」

作為寫字的人，我切實地明白擁有一個獨立且不被打擾的空間的重要性。從小到大，我一直跟家人同住，直至大學時期搬進宿舍。「土地問題」一直是困擾眾多港人的一道緊箍咒，付不起高昂的租金，自然令人打消自住的念頭。渴望嘗試獨立生活的我，終能在這次旅程時實踐。我在小小的房間裏，開展了在當地短短半年的旅居生活。從居住的小社區開始，慢慢摸熟台北這座城市，再去其他不同縣市遊走及探索。

探索陌生的城市，與在地港人交流

前往台灣之前，香港電台的《鏗鏘集》拍攝了「移民台灣」的專題，也有其他媒體開始探討港人移民台灣

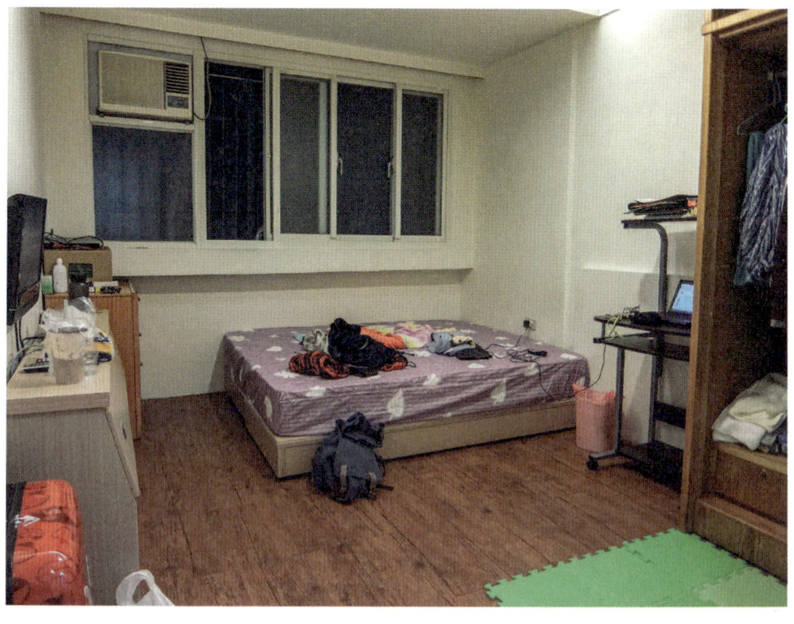

↑ 這是旅居在台北半年期間居住的小單位，見證我首次獨自生活的體驗。

的情況。在那樣的時空之下，港人移民台灣成了一股討論的熱潮。機緣巧合下，我與台灣一間出版社合作，展開了一個訪談計劃，探討一眾在台灣居住的港人，移居他方展開新生活的決定與模樣。

在資料搜集的過程中，我發現主流媒體的探討多聚焦在「追夢」與「夢碎」的兩個維度當中，然而移民生活複雜而多元。我希望以一本書的篇幅，立體地呈現那些交織在香港與台灣之間的故事，一個在「寶島」與「鬼島」的想像以外，不同人眼中的台灣。

跟出版社編輯反覆商量採訪的對象後，我開始接觸移民的港人群體。在採訪過程中，我遇到了來台灣開咖啡店、開青年旅舍、開小食檔、開茶餐廳的人，也遇到因婚姻而留在台灣的人，還有留學生、演員、漫畫家、自由工作者、學者等等。這班人當中有「水土不服」的，也有已然融入當地的，香港人在台灣生活的故事，每個都獨一無二，呈現出移居外地生活的豐富及多樣性。

在訪問與寫作的過程，透過港人在地的生活經驗，讓我較為仔細地理解兩地的文化差異。無論是飲食、生活空間、待人接物，以至於更為深遠的歷史進程發展的迥異，那些種種的差異，使香港成為了香港，台灣成為了台灣。縱使這幾年被視為命運相連的兩地，走過的道路卻是截然不同。

一直以來，我相信唯有透過與在地社會的交流，才能更深刻地認識一個陌生的地方。作為短居的過客，台灣對我來說一切都是新鮮、想去探索的。然而，縱然文化如何相近，移民至另一處地方過活，始終是另一回事。與移台港人聊天的過程中，如何融入社會，如何適應當地文化，甚至破除「台灣最美麗的風景是人」的浪漫想像，都是真實的考驗。

接近十年之後，書中的受訪者有些仍然留在台灣，有些已經離開台灣。

對我來說，開始一個龐大的寫作計劃，其實也不容易。當時的我沒有太多深度寫作的經驗，要從每篇訪問中挖掘一定的深度與長度，也感受到一定的壓力。雖然我在旅居的期間完成全部訪問，但寫作的部分在離開台灣之後仍然繼續，經過不斷來回的修改及商討，最終這個計劃在一年以後才能順利完成。

那時，我才明白別人說寫作的痛苦與孤獨到底是怎樣一回事。後來，讀到村上春樹談跑步與寫作的紀律與習慣，日復一日地專心寫作與跑步。他每一天凌晨四點起床，寫作五、六小時，午後就去跑步及游泳，然後讀書聽音樂，直到晚上九點入睡。

到了很久之後，我才明白寫作與紀律之間的連繫。寫作沒有捷徑，沒有一步登天，而是透過不斷重複的書寫與練習，慢慢累積，才能抵達自己想要去的地方。

與當地社會的連結

旅居的這段日子，在牛肉麵、滷肉飯、珍珠奶茶、咖啡店、夜市、偶像劇、獨立音樂、書店這些「小確幸」以外，我認識了不少的台灣朋友，也開始對於台灣社會以至民主化的經驗，起了濃厚的興趣。經歷年復年的洗禮之後，縱然今天的代議民主仍然千瘡百孔，但從威權時代走過來，全民共同學習及參與民主制度的漫漫長路，都足以構成台灣民主今天的底氣。

逗留台灣期間，我遇上反服貿，學生及民眾持續佔領立法院共二十四天，最終在時任立法院院長王金平釋出「善意」的前提下，佔領者和平撤出立法院，已簽訂的《服貿協議》沒有生效。

後來，也遇上了反核四的運動。作為旅居當地的外來者，我一直留意新聞報導，很想一探在地社會運動的面貌，以及台灣人民反對核能的意志及決心。環境運動在香港一直不是主流的關注焦點，但台灣的環境運動及抗爭，已經走了頗長的一段路。

台灣政府早在一九八〇年代提出在新北貢寮興建核四計畫，民間一直對此存有巨大爭議。一九八六年的切爾諾貝爾核電廠事故，讓民眾對於核能的安全有更多質疑。台灣社會的反核運動，也是從核四的爭議展開。

我曾經走訪沿海地帶的貢寮，核四發電廠就建在海灘的不遠之處，是目光所及之地。由於核電廠距離民居很近，貢寮一帶居民反核聲勢強大，不難見到附近店舖都掛上一張印有「反核，不要再有下一個福島」的旗幟。

隨着民進黨前主席林義雄開始禁食，民間展開了一連串相關的反核行動。當中聲勢最為浩大的，是在凱達格蘭大道的集會遊行，以及佔領台北車站前的忠孝西路一帶，最終以警民衝突、防暴警察出動水炮車驅趕示威者而落幕。同一日，馬英九在社交媒體上公佈，核四一號機不施工，只安檢，安檢後封存；核四二號機全部停工。

隨後的日子，台灣社會慢慢平靜下來，我走訪了更多不同的地方。島嶼雖小，但值得發掘及認識的地方卻太多。當我愈認識台灣的過去與現狀，就愈羨慕台灣人對於這座島嶼的熱愛。雖然他們常戲稱這裏是「鬼島」，但那種對於家園之愛，似是自然而然地留在骨子裏。

那段日子，我也到了台中、台南、高雄、墾丁等地旅遊。這半年成為我人生中一段很重要的回憶，我首次獨自一人生活，體驗在另一個地方過活的滋味，容許我盡情探索，盡情享受屬於自己的時間。

回到香港之後，我常常懷念那個小房間，那裏有着我一段成長的印記。

↑ 位於貢寮的核四發電廠就建在海灘的不遠之處，是目光所及之地。

第二部
全職工作之前，我踏上另一趟旅程

休學一年之後，我重新回到大學校園，完成最後一年的課程。

完成考試、交了畢業論文，在大學最後一個學期結束，踏入全職工作之前，我再一次任性地以畢業旅行之名，給予自己半年的假期。

我乘坐西伯利亞鐵路從亞洲橫跨到歐洲的一端，在東歐地區遊走了三個月，意外地目睹了二〇一五年的難民危機；在歐遊之後，適逢緬甸舉行歷史性大選，又決定起行前往緬甸觀選，那年由昂山素姬領導的全國民主聯盟大勝，得以籌組政府執政。

半年後，我回到香港，成為一個全職記者。

坐上西伯利亞鐵路——從北京到莫斯科

作為討厭乘搭飛機的人，我一直對於鐵道旅行有種莫名的情意結。

人生的第一趟旅行就是乘坐火車到雲南昆明，接近一日一夜的鐵道之行，爾後慢慢累積了不少搭火車穿州過省的經驗。西伯利亞鐵路的大名一直印在心中，希望有天能夠搭上這列橫跨歐亞兩個大陸的列車。

西伯利亞鐵路是世界上最長的鐵路線，一八九一年在沙皇亞歷山大三世的宣告下興建，全程總長九千二百八十八公里，跨越八個時區。起點在俄羅斯的首都莫斯科，穿越西伯利亞地區，需要花上七天的時間，才會抵達俄羅斯遠東地區的終點站——被人稱為不凍港的海參崴。

西伯利亞總是給人帶着一種「流放」的印象。在沙皇統治時期的俄羅斯，西伯利亞曾是流放罪犯、革命者、政治犯、作家、戰俘做苦役的地方。作為流放之地，那裏曾經有過不少名人的足跡，例如文豪杜斯妥也夫斯基，而列寧、史太林也曾被流放至西伯利亞。那片地貌廣闊而環境嚴苛的土地，埋藏着深沉的歷史，因此添上了神秘的色彩。

到了今天，西伯利亞鐵路已有連接蒙古、中國、北韓的支線，我是搭上中蒙的那條支線前往莫斯科的。為了省錢，我先從香港坐飛機去北京，於北京乘坐十多個小時的長途客運，去到中蒙邊境城市二連浩特，再從邊境轉乘火車，進入蒙古首都烏蘭巴托。

在烏蘭巴托購買駛往莫斯科的火車票後，等待出發的一刻，我還在想如何在火車上渡過整整五天。來不及細想，列車已慢慢駛進了。

要上車了。

沒有網絡的旅程，我們聊天

火車上是一個沒有網絡、沒有社交媒體的世界。這段時間，我無法透過手機與任何外界的人聯絡，剩下的只有在車廂裏遇見的人，以及帶在旅途上的電子書，幾乎是與世隔絕的五天。對於重度網絡上癮的我來說，這並不容易。那還是無法洗澡的五天，幸好六月的天氣仍然涼爽。

從烏蘭巴托上車的時候，每卡車廂都擠滿了不知是來自蒙古還是俄羅斯的人，大包小包的，直到某個邊境

↑ 我從蒙古的烏蘭巴托上車，展開為期五天的西伯利亞鐵路之旅，抵達俄羅斯的莫斯科。

的中途站，大量人群下車，我的那卡車廂，四張床位，只剩下我獨佔。

基本上，作為窮遊背包客的一員，無法每餐都去餐卡吃飯。早在上車之前，我已在烏蘭巴托購買了這五天的食糧、飲品、零食，杯麵餅乾等是火車之旅中不可缺少的，幸好火車上有無限熱水供應。

在這趟火車，我遇上另一位來自香港的女生。那幾天，我們一直聊，一直聊，聊了很多。有時候，我走去她的車卡；有時候，換她走到我的那一卡；有時候，我們一起去火車的餐卡，喝杯咖啡。

年紀比我小的她，在澳洲工作假期兩年了，這趟火車旅行的終點，其實是從莫斯科飛往英國，延續異地生活。她告訴我，過去兩年在澳洲的日子，足以將她轉變為另一個模樣。

↑ 在某個中途站後，我獨佔一個車廂，偶爾看窗外的景色、閱讀、聊天、睡覺。

聽着她分享在旅途及異地生活的豐富經歷，對將來仍是充滿期待，不免羨慕她那種放手一搏的勇氣。五天的時間，我們陪伴彼此，或者也算是他鄉遇故知的一種情誼吧。

此外，我們也遇上一對來自澳洲的老夫婦。他們說，希望日後能夠在冬天，再有機會搭一次西伯利亞鐵路，感受漫天風雪的時刻，聽着不禁覺得佩服。

在火車上，繼續閱讀、思考

除了聊天，我大多時間百無聊賴，日光照着也在睡覺，沒有了日常的雜務，時間變得好像不是一回事。有時候，我着迷於窗外的景色，有草原、藍湖、山丘、小鎮，也有一片屬於西伯利亞的荒原；有時候讀讀書、趁不會被訊息干擾的時候想想事情。要想辦法打發時間，這大概也算是一種另類的奢侈吧。

這趟旅程選擇以東歐國家為目的地，某程度是想了解冷戰時期那些鐵幕國家的歷史。於是，我翻起了米蘭・昆德拉（Milan Kundera）的《笑忘書》，這名出生在捷克斯洛伐克的小説家，參與了一九六八年的「布拉格之春」改革運動，在運動遭到蘇聯出兵鎮壓後，被作家協會開除，也被開除了黨籍，並於一九七五年流亡至法

→ 雖然我在上車前已購入一大堆乾糧，但偶爾會去列車的餐卡，喝一杯咖啡。

↑ 沿途的景色。

國。《笑忘書》以布拉格之春為背景，論及了捷克共產黨，在小說出版之後，米蘭．昆德拉的公民資格也被捷共政府剝奪。

「人類對抗權力的鬥爭，就是記憶與遺忘的鬥爭」，在書中短短兩句話，後來不斷反覆被人引用，無論在哪個時代，這句話都似是毫不過時。讀着《笑忘書》的時候，腦海裏竟然浮現流行曲《莫斯科沒有眼淚》的歌詞，「冬天的離別，在莫斯科的深夜，一列列軍隊在街上森嚴戒備」，而那年的布拉格，真的有過戒備森嚴的蘇聯軍隊。那些苦難的歲月，好像已是很遙遠的過去。

在火車上，我難得地得到了專心看書的時間與空間，感謝手上的 Kindle 閱讀器。在長途的旅程中，讓我每晚都能於睡前閱讀，在火車的行駛中安穩入眠。

我曾經是紙本書的忠實擁躉，認為只有拿着書本才有閱讀的質感，這趟旅途卻大大改變了我。回到香港，我雖然仍不停購買喜愛的紙本書，同時也成為了電子書的愛好者。在此以後，電子書閱讀器繼續陪我走了很多趟閱讀的旅程。

轟隆隆，五天之後，列車終於駛進了莫斯科。這趟西伯利亞鐵路旅程的結束，也是我這次東歐之旅的起始。我和香港女生交換了聯絡的方法後道別，後來在莫斯科也曾相約見面。這種短暫地「與世隔絕」的感覺，其實還不錯，而我下車後，只想儘快找到旅店，整理梳洗。

這是我第一次踏足歐洲。過往對於俄羅斯人的印象，總是深沉、壓抑、冷酷，唯在硬着頭皮問路或查詢的時刻，意外地獲得非常熱心的幫助，打破了一些對於俄羅斯人的刻板想像。

然而，僅匆匆逗留數天，對於這個帝國終究沒有太多的探索，種種神秘面貌仍是停在過去學習歷史的課堂，從仍是沙皇統治的帝國時期，至推翻沙皇的俄國革命①、蘇聯共產政權的成立、史太林（Joseph Stalin）時代的極權專制、二戰後的美蘇冷戰格局、戈爾巴喬夫（Mikhail Gorbachev）上台後的開放與變革，直到蘇聯解體②、如今迎來的普京（Vladimir Putin）強人統治時代……對於俄羅斯的印象，大抵只有這些事吧。

①在第一次世界大戰中，俄羅斯帝國進退失據，政局不穩。一九一七年三月（儒略曆二月）的「二月革命」中，革命者推翻了羅曼諾夫王朝，建立俄國臨時政府；十一月的「十月革命」中，布爾什維克推翻了臨時政府，建立蘇維埃俄國。

↓ 經過五日的火車之旅後，終於到達終點站莫斯科，我也順道在當地遊覽數天。

②一九九一年十二月二十五日，蘇聯領導人戈爾巴喬夫辭職，將克里姆林宮與權力轉交給俄羅斯總統葉利欽（Boris Yeltsin）。葉利欽通知聯合國秘書長德奎利亞爾（Javier Pérez de Cuéllar）蘇聯解體，俄羅斯將繼承蘇聯在聯合國席位。

二〇二二年二月，俄羅斯入侵鄰國烏克蘭而發起戰爭之後，各國紛紛作出制裁。那年曾經想過，如果日後有機會，是否能如那對澳洲老夫婦般，在漫天風雪紛飛的時候，再一次乘坐西伯利亞鐵路，感受不一樣的氣氛，不知道日後會否還有這樣的機會了。

拜訪波蘭「國寶級」記者卡普欽斯基故居

越過自身經驗的邊境，就是世界。

——卡普欽斯基

離開莫斯科之後，我來到了波蘭。

在這段旅途上，我繼續當一個沙發客。其中一站，去了波蘭的工業大城羅茲（Łódź），這個城市有着享譽全球的羅茲電影學院，曾經孕育過一代的波蘭導演，奇斯洛夫斯基（Krzysztof Kieślowski）、波蘭斯基（Roman Polanski）等著名的導演都是出自這間電影學院。

我住進一個波蘭家庭的家裏，屋主是一對年輕的夫婦，育有一個年幼的兒子。在家中的後院，屋主向我講述了波蘭的歷史與現況，包括被譽為國寶級記者的卡普欽斯基（Ryszard Kapuscinski）的事跡。

屋主曾經到訪卡普欽斯基的故居，而在他的幫忙下，我也有了拜訪的機會。

卡普欽斯基的故居位於波蘭首都華沙。在炙熱的午後，我沿着地圖，找到了卡氏的故居。第一次認識這位波蘭記者，是因着獨立記者張翠容曾在訪問中透露，卡氏是她在新聞寫作路上的啟蒙者。而我在少年時候，曾被張翠容走遍世界的閱歷深深影響，埋下了成為一個記者的想法。從那時起，卡氏的名字烙印在我的腦海中。

偶然之下，走訪卡普欽斯基的故居

自從在一九五〇年代成為波蘭駐外記者後，卡氏走訪不同的戰地，展開了傳奇的半生，在亞洲、非洲、拉丁美洲地區多次見證歷史性的政變與革命。為了報導真相，他曾被判處死刑四次、關押四十多次，差一點失去生命，幸而最後都一一逃過。

卡普欽斯基的作品擁有強烈個人色彩，故其報導風格被歸類為報導文學，甚至有人稱為「魔幻新聞主義」。從卡氏的作品中，總是能夠輕易讀到，他見證事件時所流露的情感與思考，對於底層人民的關懷，也潛伏於書中的不同角落。

另類形式的書寫手法，使卡氏既是記者，同時超越了記者的角色，然而這種寫作體裁既是他最為人推崇，但又因偏離於「英式新聞」的嚴格規範，模糊了新聞報導與文學創作的界線，成為最為人詬病。波蘭記者多莫斯瓦夫斯基（Artur Domoslawski）於二〇一〇年出版了《非虛構的卡普欽斯基》（*Kapuscinski Non-Fiction*），指稱卡氏的報導屢次模糊新聞報導及虛構文學的界線，甚至有刻意虛構的嫌疑；同時，書中指他當時是效力波蘭情報機關的間諜，駐外記者的身分只是掩飾。此書出版前後曾引起了軒然大波，卡氏遺孀曾在書籍出版前告上法庭，要求法庭下令禁止出版。

縱然如此，世界對於卡普欽斯基的肯定，還是超越了他所帶來的爭議，在上世紀那個仍然封閉的共產波蘭，他為讀者打開了一扇認識世界的窗口，也確立了一種記者的典範，不安於分，對於世界永遠抱有強烈的好奇心與關懷。當知道有機會能到訪他的故居時，既感到幸運，亦非常期待。

「叮咚。」按下門鈴後，前來開門的是一位中年女士。當我表明來意，交談幾句以後，始知她是卡氏的女兒Zofia。我這個外國人在冒昧之下闖進，Zofia倒不太意外，徐徐引領我進客廳，裏頭坐着卡氏的遺孀Alicja Kapuscinski，看起來是個和藹的老太太。

Zofia帶我參觀卡氏的故居，也是她們兩母女目前的居所。

從卡氏的書房中，看見記者的自我修養

我們走到客廳旁邊，那裏放滿了卡氏作品的所有翻譯版本，包括中文翻譯，然而在華文世界裏，卡氏的作品只有三本曾被翻譯，分別是講述蘇聯時期的《帝國：俄羅斯五十年》、記錄埃塞俄比亞最後一個皇帝海爾・塞拉西（Haile Selassie）的《皇帝：一個獨裁政權的傾覆》，以及其晚年糅合個人自傳及讀書筆記的回憶錄《與希羅

卡普欽斯基的工作室，書桌上的筆筒插滿了大量原子筆。

多德一起旅行》。

《帝國》是卡氏最早被翻譯為中文的作品，於二〇〇七年卡氏離世後在台灣出版。譯者胡洲賢在序言裏講述翻譯時的誠惶誠恐，慶幸我們還來得及透過文字來認識卡普欽斯基。

參觀完書櫃之後，**Zofia** 帶我上閣樓，那兒是卡氏生前的書房及工作室，牆邊鋪滿密密麻麻的書籍，從藝術、文史哲到經濟學，不一而足，涉獵範圍極廣。我想，大抵如此，才足以成就這樣的傳奇吧，把議題及事情往更深更廣的面向學習與發掘，應該也是記者的自我期許。

哥倫比亞大哥新聞學教授費里德曼（Samuel G. Freedman）撰寫了《給年輕記者的信》（*Letters to a Young Journalist*），對於這個世代的年輕記者有如此的期望：

↑ 卡普欽斯基的遺孀 **Alicja Kapuscinski**（左）及女兒 **Zofia**（右）。

「偉大的新聞記者絕不會只停留在閱讀報章雜誌、收集新聞材料和收聽新聞報導上，而會在文學、電影和爵士樂等偉大的藝術中尋找養分和催化劑。」

Zofia從卡氏的書櫃上拿下畫冊與攝影集，向我介紹波蘭各種藝術作品，從古代到當代，翻看着卡氏生前曾經閱讀的書藉、學習的知識，忽爾有種無以名狀的奇妙之感，彷彿透過書本把兩人靜靜地連繫。掩卷以後，我慢慢地觀賞這間工作室，看到他從異地收集回來的物件，散落於不同的角落。

忽然，我瞥見書桌一角放置了好幾個筆筒，插滿了大量的原子筆。Zofia說，那些筆也是卡氏從各地帶回來的。我不禁會心微笑，果然是身經百戰的記者，連「武器」都比別人多，只有這樣的人，才會懂得筆桿的重量。

「其實我們也有考慮出版他駐外以前的作品，畢竟他不是一下子變成後來的模樣，或許他早期的文字也是有參考意義的。」Zofia說。

從好奇開始，他在世界各地採訪

卡普欽斯基一生走過廣闊無垠的大地，在不同的洲份與大陸留下過自己的足迹，到底是什麼驅使他強烈地希望認識世界？在閱讀《與希羅多德一起旅行》時，他回憶對於出國工作的初衷，沒有任何驚天動地或激情的想法，只不過是單純對於跨越邊境有着莫名的好奇：「我心裏只有一個非常樸素的想法，就是在一瞬間體驗一下越過邊境，簡單得不能再簡單，感受一下越境這一刻的心情，體會一下這一簡單的經過。我只是想到國境那邊去看看，然後立刻返回，滿足我的好奇心，解解心頭之渴，足矣。」

基於這樣的念頭，初出茅廬的他跟所屬的《青年旗幟報》主編說出：「我將來很想出國工作。」主編問，你想到哪個國家採訪？他答道：「捷克斯洛伐克」，也就是波蘭的鄰國。後來，他終於得到出國採訪的機會，只是採訪之地從歐洲轉移至亞洲的印度。

主編在卡普欽斯基臨行前送贈一本書給他，是由古希臘歷史學家希羅多德所撰寫的《歷史》。這本書影響卡氏甚深，在《與希羅多德一起旅行》的行文中，卡普欽斯基不時流露出希羅多德是其靈魂伴侶的感歎。

印度以後，他又陸續被派駐中國、非洲、拉丁美洲等地方，從最初抵達陌生異地的青澀與彷徨，不斷累積經驗後，慢慢確立了屬於自己的報導方式，逐漸蛻變成為日後被人讚頌的傳奇記者。

那些年間，他採訪過非洲在解殖過程中爆發的內戰，如一九六〇年代初的剛果內戰、從一九七五年開始並長達二十七年的安哥拉內戰①；發生在伊朗的伊斯蘭革命②、洪都拉斯與薩爾瓦多之間的「足球戰爭」③、土耳其入侵塞浦路斯④……這些重大的歷史事件，都一一成為了他筆下的書寫對象。

①一九七五年，安哥拉自葡萄牙獨立，由蘇聯支持的「安哥拉人民解放運動」（「安人運」）與由美國、南非支持的「爭取安哥拉徹底獨立全國聯盟」（「安盟」）爆發武裝衝突，陷入長期內戰。二〇〇二年二月，「安盟」的薩文比（Jonas Savimbi）陣亡，雙方經國際協調簽訂停戰協定，持續二十七年之內戰正式結束。

②一九七八年，伊朗官媒指責什葉派精神領袖霍梅尼（Ruhollah Khomeini）是美國特務後，有學生遊行反對時被軍隊開槍擊斃，事情後演變成大規模遊行，以至騷亂。一九七九年，巴列維國王流亡國外，霍梅尼流亡十五年回到德黑蘭；四月一日，伊斯蘭共和國宣佈成立。

③二十世紀，估計約有三十萬薩爾瓦多農民在洪都拉斯工作，而為了解決移民問題，兩國政府多次就移民問題進行協商。一九六九年，洪都拉斯拒絕把協議延長；六月，兩國同時爭取第一次入圍世界盃決賽週的資格，雙方的對賽成為導火線。七月十四日，薩爾瓦多軍隊進入，並轟炸洪都拉斯；十八日，兩國在美洲國家組織調停下停火，造成三千人死亡，史稱「百時戰爭」或「足球戰爭」。

Zofia說：「我的父親很喜歡跟年輕人聊天，像他這樣知名的人，在日常生活中跟普通人無異。」我想，那種無異非關經歷，而是經過了無數異常的日子後，還能保持最謙卑的姿態，不會賣弄明星記者的嘴臉。

黃昏時分，該跟她們告別了。臨走之時，Zofia怕我會肚餓，給我一盒紅桑莓，還有一些糖果，叫我帶在路上吃，還送我去附近的地鐵站。我是一個突如其來的訪客，有點不好意思，名副其實的打擾，而她們卻熱情友善如斯。

到了最後，Zofia勉勵我要保持對於新聞的熱誠，她知道，她的父親影響過好一些人。

原文刊於《明報‧星期日生活》

④一九六〇年，塞浦路斯自英國獨立，但國內傾向統一的希臘裔，以及傾向分離的土耳其裔塞浦路斯人的衝突仍然不斷。一九七四年，希臘軍政府發動政變；五日後，土耳其軍隊以保護土耳其裔塞浦路斯人為由，進入塞浦路斯，佔據北部三分之一的土地，後聯合國派出維和部隊調停。塞浦路斯暫時分為兩個政權，一是土耳其在北部成立的「北塞浦路斯土耳其共和國」，但不獲國際承認；一是南部由希臘掌權的塞浦路斯共和國，是聯合國會員國和歐盟成員國。

在小酒莊和旅館打工換宿

在這一趟畢業旅行，為了省下一點旅費，累積不一樣的經歷，我先後兩次打工換宿，一次在捷克小村落的家庭式小酒莊，一次則是在匈牙利的家庭式旅館，當一個小小的店員與助手。

「打工換宿」在年輕世代間變得愈來愈流行，成為了一種另類的旅行方式。旅人以勞動力或專長換取免費食宿，除了能夠最直接地節省旅費，亦能在旅途上透過打工的形式，接觸及認識更多不同的人，更深入體驗所在地的文化，也是一種文化上的交流。

網絡上有關打工換宿的社群及網站，發展得非常成熟，較為知名的國際組織，如世界有機農場組織（WWOOF）主要集中在有機農場的招募，而我在朋友的介紹下，認識了來自英國的平台HelpX。

在HelpX上，旅人要先付一筆會員費，才能得到招募者的完整資訊及聯絡功能。這個平台上能夠選擇的「工種」比較多樣化，除了有機農場外，也有民宿旅館、寄宿家庭、牧場等，而且遍佈世界各地。

一般聽見別人打工換宿多在台灣，沒有想到，我第一次打工換宿，竟然是在捷克的偏遠小村莊。

在捷克偏鄉的小酒莊，換來喘息的空間

當時身在布拉格的我，正在查看捷克會否有打工換宿的機會，看到一個家庭式小酒莊正在招募義工助手。

看過其他旅人對小酒莊的評價，喜歡飲酒的我不禁躍躍欲試，留下訊息給酒莊主人，等待對方的答覆。我後來收到酒莊主人的回應，大家同意在酒莊打工換宿十日。小酒莊位於捷克東部的摩拉維亞地區，一條名為 Němčičky 的偏遠小村莊。我帶着他傳給我的地址，慢慢摸索前往那條小村的交通。

我找到酒莊之後，酒莊主人 Richard 前來開門。他將我帶進他們的家裏，那是 Richard 一家居住的地方，也是他的工作空間之一，而我住在同村的另一間屋。剛到埗的幾天，由於暫時只有我一名義工，一人獨佔了整間屋。

到達之前，我已經在網上和 Richard 協議了工作時間和休息的日子，每天大約工作八個小時，中午有休息及午睡的時間，週末是假期。而

↓ 與小酒莊的負責一家，以及同樣打工換宿的人合照。

我「工作」的地方，主要是在Richard的家裏，工作範圍就視乎當天的需要而定。

這個小酒莊的工作多元而有趣，每天都能夠學習不同的技能。第一天，我將蕃茄切片，協助烘乾製成蕃茄乾，後來的日子曾在酒窖將釀好的紅酒入樽（還可以一邊工作一邊喝下從酒桶倒出來的酒），

← 首次打工換宿，是在捷克偏遠小村莊Němčičky裏的小酒莊，每天負責的工作都不同，如將酒桶裏的酒裝入酒瓶。

← 有時，我們要為葡萄園翻地。

← 有時，我們需要製作蕃茄乾。

去葡萄園打理葡萄、鋤地、包裝，偶而也會協助一下家務事。

從悠閒的旅行轉變為打工的狀態，剛開始的時候確實有點不習慣。工作時間變得固定，早早便要起床，但很快地也適應了。

Richard的一家，還有三個小孩。他的太太負責日常三餐，而我也是跟他們一起用膳。對於這個家庭來說，午餐是最重要，也是最豐盛的一頓。因着自家的種植及耕作，膳食裏有很多自製的果醬、醬料、蔬菜及麵包，富營養而健康。每天晚餐少不了的，還有自家釀製的有機紅酒，也成了我工作過後最期待的事。

有一次和Richard閒聊，他提到在捷克以有機方式釀酒的人，大概不到十個，主要是因為費時。由於無法大量生產，他的酒不會賣到龐大的市場，只賣給相熟的私人客戶與酒吧，最遠只去到相鄰的奧地利及斯洛伐克。

在打工換宿的最後幾天，小酒莊再迎來了兩個義工，一個是來自法國的男孩，一個是美國女孩。他們也是透過相同的網站來到偏僻的Němčičky，我們一起住在那為義工而設的房子。開始的時候，我還怕自己比較內向，奇妙的是，我們三人似是一拍即合，而對於我們這些外來者，小孩很快跟我們熟絡起來，完全不怕陌生。大概是常常有許多人在這裏進進出出，他們也習慣了這種來來去去的場面。

難得遠離城市，休假的時候，我都留在村裏漫步。若果不是得到打工換宿的機會，我大概不會來到這條小村。在這十天裏，我過着簡單而平靜的生活，工作、吃飯、喝酒、睡覺，沒有太多的欲望，不用計劃太多，讓日子慢慢地流轉。對我這樣習慣了匆匆忙忙的過客來說，是一個短暫的喘息，雖然與日後的生活無關，但也心滿意足了。

十日以後，我向 Richard 一家和兩名義工告別。離開村莊後，我開始期待下一次打工換宿的機會了。

在匈牙利的家庭式旅館，與旅人一起累積回憶

接近歐遊的尾聲，我來到了匈牙利。在首都布達佩斯遊玩過後，我看到了佩奇（Pécs）有旅館正在招募義工，沒有任何酒店業經驗的我，很想一嘗在旅館工作的滋味，聯絡了那間旅館的老闆，希望能到他們那裏打工換宿。

這個位於匈牙利南邊的城市，不算是知名的旅遊

↑ 與家庭式旅館的負責人一家和其他員工的合照。

區，卻是有近二千年歷史的古城。匈牙利的第一所國立大學，就是一三六七年在這裏落成的佩奇大學。同樣地，如果不是有這打工換宿的機會，我很可能就會錯過了這一座城市。

我打工換宿的旅館，就在市中心的不遠處。推門進去，首先映入眼簾的是小小的戶外庭園，走進室內才是旅客休息的地方。旅館屬於小本式家庭經營，地方不大，老闆C大約三十多歲，與太太一起經營這間旅館，而他們一家，包括兩個小女兒則住在旅館的旁邊。

除了我來短暫打工換宿外，小旅館還有三名正式員工。說是打工，我負責一些較為輕鬆的幫忙，每天早上「工作」三至四小時，其餘時間都是自由。每天起床後，C負責煮早餐，我幫忙沖泡咖啡，待早餐時間完結後洗碗，再去更換床單、做一些清潔工作，都是簡單的手板

在匈牙利佩奇的家庭式旅館打工換宿，主要是幫忙一直簡單輕鬆的工作。

眼見功夫。

那個戶外的庭園，是大家社交的空間，有時候我們會在那裏休息、聊天，有時候客人也一起交流。逗留了短短十天，我遇上了不少有趣的客人，跟我同齡的英國男生、在匈牙利當交換生的中國女生，而我剛到的時候，適逢佩奇正在舉行音樂節，故小小的旅館也來了一堆音樂人及樂隊，偶而他們會在小庭院即席演出，非常熱鬧。

我最記得的一位客人，是來自瑞典、居住在丹麥的老太太。她陪朋友來佩奇看牙醫，在旅館住了約兩星期。每天吃完早餐後，她都坐在庭院裏喝烈酒，我會走過去跟她聊天。老太太是率直而友善的人，活了大半輩子，對於事物已有一套既定的看法，很多對話早已忘記了，但我記得她曾經告訴我，對她來說，生命的總和就是愛、性、食物及音樂。這樣的人生，感覺蠻不錯的。

在小旅館，員工或客人都會親自烹調各國美食，我也享受了不少口福。C跟我說，「如果你有擅長的家鄉小菜，也可以煮出來跟大家分享。」有一個晚上，港孩如我煲了一鍋港式的紅蘿蔔粟米豬骨湯，和店裏的大家分享香港的味道，這是我第一次煮東西給那麼多人品嚐，還好沒有丟臉。

成為朋友的，也包括旅館裏的員工。有個晚上，我跟隨她們一行人爬上一個小小的山丘，築起小小的火堆，有人帶了結他，圍住唱歌，從Bob Marley唱到*Lemon Tree*，還有匈牙利傳統的歌曲。人群裏面，有人來自拉美、有人來自德國、有人來自加拿大。員工L笑說，這是多元文化啊。漆黑的郊野，陣陣歌聲迴盪在空氣中。看着這座城市的夜景，一家又一家的燈火逐漸被點亮，心裏突然泛起一陣無以名狀的感動。雖然我們只有過短短的相逢，但那些畫面永遠都會記在心中。

我想，打工換宿對我的意義，是為旅途增添了更多珍貴的回憶，認識及接觸更多不同的朋友及旅人。在兩次打工換宿的經驗中，我逐漸能夠輕易地駕馭家務事、打理空間、煮幾人份量的食物，算是在旅途上的一種學習，而我好像因此變強了一點點。

跨越怒海，期待抵達彼岸——歐洲難民潮

他屬於一個國家，卻無法在其中居住；
他居住在一個國家，卻無法歸屬其中。
他的名字是罪過，
猶如一顆石子
在歷史的臉上滾動。

——〈燈〉，敍利亞詩人阿多尼斯

二〇一五年，歐洲爆發了一場自二戰以來最嚴重的難民危機。

這場難民潮的湧現，在二〇一〇年底在中東爆發的阿拉伯之春後，已經埋下伏線。在敍利亞持續爆發內戰、伊斯蘭國（ISIS）崛起的情況下，為了求存，不少來自中東、非洲地區的難民因局勢動盪而流離失所、被迫逃離家園。

數以百萬的難民透過地中海的海路，或經巴爾幹邊境的陸路，來到了歐洲大陸，以求覓得安身之地。然而，在逃難期間死去或失蹤的亦有數千人。

根據聯合國難民署的報告顯示，截至二〇一五年底，全球共有六千五百三十萬人被迫離開家園，難民人數創了高峰，近一百萬難民逃到歐洲，令歐盟成員國陷入難民危機。

各國對於接收難民的態度轉趨強硬、社會上反移民的情緒日益滋長、右翼民粹主義浪潮的抬頭……這場在二〇一五年夏天達至高峰的難民潮，觸發了歐盟各成員國走上分歧之路，成為歐洲一個棘手的政治難題。

八月下旬，難民潮開始佔據歐洲新聞各大版面時，我來到了匈牙利。

在火車站以外，見證了難民潮

抵達首都布達佩斯後，我的旅店在東站附近。甫踏出火車站外，我看見大批難民聚集。每走一步，都是難民棲息的地方，他們蓆地而睡。看見這樣的情境，心頭不免一重。之前在新聞上略有讀到難民潮的資訊，沒有想到的是，如此不設防地，親眼目睹這樣的景象，被迫直面及思考這個龐大的議題。

數天之後，我再去布達佩斯東站，看到難民們在示威，而警察在火車站門外嚴陣以待，雙方處於劍拔弩張的狀況。難民們示威，是因從布達佩斯駛往歐洲其他國家的列車突然宣佈停駛，他們被堵在匈牙利無法離開，不滿的情緒便爆發起來。

匈牙利不是他們的嚮往之地。根據歐盟在一九九七年生效的《都柏林公約》指引，難民需要在首個登陸國提出庇護申請，故若他們在匈牙利被登記身分，便需要在當地提出庇護申請，這是為什麼難民想方設法離開匈牙利，前往心目中的理想地。大多數滯留在匈牙利的難民，都渴望坐上前往德國或奧地利的列車，到該處展開新生活。

沿着地中海海路逃亡至歐洲的路線，主要有兩個熱門的登陸點，一個是希臘，一個是意大利。事實上，希臘理應是難民登陸後第一個歐盟國家，然而希臘因着債務危機，自身難保，千方百計把人潮推送至馬其頓，而馬其頓及塞爾維亞亦沒有接收難民的意欲，只願他們儘

↑ 我在布達佩斯東站的火車站外，看到大批難民聚集，警察則在站外嚴陣以待。

快進入匈牙利。由於地理位置的緣故，匈牙利被推到是次難民潮的前沿，成為了第一個需要直面難民問題的歐盟國家。

回到旅店之後，來自意大利但居住在布達佩斯多年的老闆娘，無意間跟我談起難民話題。她說，布達佩斯從來沒有出現過這樣的情況，心裏既難過同時憂心忡忡。她不擔心難民搶奪資源，而是認為難民聚腳的地方，衛生情況非常差勁，只怕疾病由此傳開。她不免提醒，匈牙利人很友善，有些餐廳也會免費提供食物給站外的難民。

聽完老闆娘的說話，我不禁疑惑，到底真實情況與報導之間的差異有多大？當時匈牙利政府因應是次難民潮，在匈牙利與塞爾維亞的邊境建立一道長達一百七十五公里的鐵絲網，

↓ 匈牙利政府在與塞爾維亞接壤處，建立起一百七十五公里長的鐵絲網，以圖堵塞難民進入國境。

實施了新的移民法，任何「非法」進入匈牙利的行為均被視為犯罪行為，並且出動防暴警察、水炮車和催淚彈，阻止在新法實施後仍然試圖從塞爾維亞跨越匈牙利的難民。新聞報導裏，有抱着孩子的父親被打得滿頭是血，連八歲的小女孩也被打傷……

聽到這些消息後，在我腦海中浮現的，是匈牙利右翼勢力於近年崛起。成立於二〇〇三年的極右翼政黨尤比克（Jobbik），以「爭取一個更好的匈牙利運動」之名，在二〇一〇年代起逐漸冒起，並於二〇一〇年的大選中一舉拿下議會中的四十七席，成為第三大黨。另一邊廂，匈牙利的執政黨青年民主主義者聯盟（Fidesz），同樣是光譜上的保守右翼。國會有三分之二的議席被右翼勢力囊括，由此可以窺探匈牙利社會向右轉的端倪。

↓ 我去到了接壤匈牙利與塞爾維亞的邊境小村勒斯凱。附近有巴士接載難民，前往難民營處登記身分。

這就不意外，為何匈牙利政府會決定在與塞爾維亞接壤處，圍起鐵絲網以圖堵塞難民的進入，並且在國會修法後，一律把非法進入匈牙利的難民視作罪犯對待。

後來，我有機會認識匈牙利塞格德大學的學者János Nagyillés，聽到我的疑惑之後，他嘗試解釋整個社會向右轉的現況。對於這樣的現象，他歸因於匈牙利的民主發展仍未達到成熟階段，當中包括歷史遺留下來的問題。在東歐的共產陣營倒台後，匈牙利跟隨眾多鄰國的步伐，從社會主義國家轉型至民主國家，歷時不過二十多年；另一方面，一九五六年爆發的「十月事件」①，民眾透過示威表達對共產政權的不滿，最終被蘇聯派駐軍隊鎮壓作結，對匈牙利人造成了不可磨滅的陰影，也是後來左翼在匈牙利逐漸失勢的原因之一。值得留意的是，尤比克的其中一個創黨成員，便是曾經參與過十月事件的Gergely Pongrátz。

離開布達佩斯後，我一直留意事情的進展，不久之後，有香港媒體的記者得知我身處匈牙利，問我是否能夠採訪。本來我還猶豫是否要去邊境一趟，在收到邀約後，就二話不說答應，決定前往當時成為了新聞熱點的邊境小村勒斯凱（Röszke）。

當時在匈牙利打工換宿的老闆娘，聽到我想要去邊境的時候，覺得我人生路不熟，剛好她有認識的法國記者正在匈牙利採訪是次難民潮，把對方介紹給我，讓我能夠跟着她一起前行。

到達匈牙利邊境小村，聽着敘利亞難民的故事

抵達邊境之地，看到了那片四米高的鐵絲網，延綿

①又稱為匈牙利革命。當年，匈牙利民眾為反抗匈牙利共產黨及蘇聯獨裁統治而引發。

至不見盡頭的位置，成了一道帶刺的「圍牆」。

我在鐵絲網正式完工前到達，當時仍未完全「落閘」，難民還可以從塞爾維亞沿着一條長長的鐵路軌，走過來匈牙利這一邊，人流沒有間斷，攜老帶幼的。邊境之處站着為數不多的軍人與警察，在難民越過邊境時，都沒有加以阻止。本來沒人理會的邊陲小村，因為這一波的難民潮，突然成為了新聞熱點。

不遠處是收容中心，那裏有一堆讓人短暫逗留的帳篷，國際組織的支援站及物資補給站亦設立於此，來自世界各地的義工自發前來協助難民。在收容中心附近，停泊了大量的巴士，接載這裏的人去難民營，登記身分。然而，有些難民不願意在匈牙利進行身分登記，設法逃避警方的耳目。

「Hello，你是記者嗎？」當我在邊境處遊走時，旁邊一名約莫二十多歲，高高瘦瘦的敘利亞男子，操着流利的英語問我。我表明記者的身分之後，他滔滔不絕地向我說起自己的逃亡歷程。

「你知道嘛，我的故鄉現在變成了伊斯蘭國的首都。」Syrianglory（化名）口中的故鄉拉卡（Al-Raqqah），是敘利亞北部的重要城市，自從二〇一一年爆發內戰後，反抗軍於二〇一三年發起一場「拉卡戰鬥」，攻下了這座城市；拉卡後來落入伊斯蘭國手中，成為該組織的首都。

早在內戰爆發之初，Syrianglory已經逃離故國，前往黎巴嫩首都貝魯特，尋求存活的空間。經過接近三年，由於鄰近敘利亞，貝魯特也不斷受戰亂影響。二〇一五年八月，Syrianglory有感貝魯特將愈來愈不安全，於是再次踏上逃亡之路。隨着逃亡浪潮，他跟大隊人群一起移動。當他向我詳細闡釋其逃亡的路線時，不意外地跟媒體描述的相去不遠。只是從新聞報導上讀到，跟親耳聽到，始終是兩碼子的事。

「我先從貝魯特坐飛機到土耳其的阿達納（Adana），再轉乘巴士到達伊斯坦堡。後來，就是你在新聞上看到的，我坐上了一艘『死亡之船』，船上有五十人，沿着地中海，飄流到了希臘。」在希臘登陸後，Syrianglory 繼續北上，途經馬其頓和塞爾維亞，路程遙遠，有時乘坐巴士，有時只能徒步而行，有時遇上「發難民財」的的士司機，單單是從馬其頓到塞爾維亞邊境的一程車，便花了二百歐元。

Syrianglory 不打算在匈牙利落腳，如果有足夠的運氣，挪威將是他的終點站。「我只是想活在一個和平的國度，沒有戰亂，不用擔心安危，而且我猜在挪威應該能夠找到不錯的機會吧。」他吸了一口煙，徐徐呼出煙圈，歎了一口氣。他是一名會計師，但在失序的地方，專業完全沒有用武之地。他只盼望能夠找到容身之處，好好地活下去。在這個念頭驅使下，他表示將會用盡方法

→ 在邊境小村勒斯凱，那裏有收容中心的帳篷、國際組織的支持站及物資補給站。

逃避匈牙利警方的耳目，找出前往北歐的路線。

無助的境況，希望更多人知道他們的故事

資訊相對沒有那麼充足的人，進入了匈牙利的國界後，便在收容中心等候被送進難民營。難民營被一圈一圈的鐵絲網圍繞，有大量警察看守，防止難民逃離。

我隨着法國記者去到難民營，突然被一把聲音叫停。營裏的人問我們有沒有香煙，我聳聳肩，卻走向他們，嘗試打探網中人的故事。

「早知難民營的情況是這樣的話，我就不會進來。我們跟這裏的非洲人不太相處得來。」已為人母的Hanan，在頭巾底下顯露出不滿的神情。這是我第一次意識到，在難民之間也有可能存在族群政治。Hanan一家十二口，沿着相同的路線，花了二十天從敘利亞來到匈牙利邊境，再從收容中心轉移至難民營。「被送了進來後，我們問看守的警察何時可以離開，下一步又會怎樣時，他們只會說不懂英文，也沒有確實的答案。有時說一小時後能離開，有時說兩小時，有時又說三五天不等。」

後來，Hanan的家人也走了過來，她一一向我們介紹。這十二人的家庭裏，最小的只有兩歲，最年長的則已七十四歲。七十四歲的是Hanan的父親，原是巴勒斯坦人。由於巴勒斯坦與以色列的政局長期不穩，選擇逃難至鄰國。Hanan在敘利亞出生及成長，本來過着相安無事的生活，內戰後情況出現了翻天覆地的改變。內戰爆發之初，他們還抱持觀望的心態。直到三年後，覺得局勢無法逆轉，決定離開敘利亞，前往歐洲，「我

們有親戚在瑞典，希望能去那裏團聚。」

被送往勒斯凱難民營的難民，將會在匈牙利讀取指紋，進行身分辨識。前路茫茫，能否前往瑞典，實是未知之數。Hanan 一家為了逃難，已經花費了約五萬歐元，隨身行李亦在地中海全部遺失了。「希望你能夠幫幫我們」，到了最後，站在 Hanan 旁邊不諳英語的丈夫，突然冒出了一句話：「把我們的故事說出去，讓更多人知道」。

「歡迎難民」，為難民煮一頓飯

離開難民營後，我繼續走在邊境的荒地上，瞥見一面小小的「紅黑旗」，懸掛在其中一個臨時的支援站外。我有點好奇，詢問正在煮食的男孩，原來這是一個小型的廚房，免費提供有營養的食物給難民。這一群人來自反法西斯行動（Anti-Fascist Action）的組織，分別從德國、奧地利、捷克和斯洛伐克來到匈牙利的邊境。

言談之間，他們帶着些許不滿地透露，一些國際組織礙於在此煮食屬於違法，加上大量警察在旁監視，因此不願跟他們合作。在這群左翼無政府主義份子的不遠之處，就是隔阻兩國的藩籬，國家的概念，忽爾如此具體起來，並且來勢洶洶。他們不甘示弱，卻只有野貓式的行動，在其中一個難民容身的據點，貼上了「歡迎難民」的字句，另一頭則是「沒有邊界、沒有國家」的標語，以作出微弱的抗議。

沒有國家的家園，畢竟是過分浪漫的烏托邦理想。聽着那些難民的故事，為了逃避戰亂而不得不逃離原本的家鄉，冒着生命危險，期盼能找到安全的棲身之所。

← 其中一個難民容身的據點，貼上了「歡迎難民」的字句。

當他們說出希望未來能夠在歐洲好好生活時，我有些迷茫，生命保存下來，能夠在新國度展開新生活固然很好，然而現實總是殘酷，在右翼、排外民粹逐漸抬頭的歐洲社會，即便安頓了下來，但下一步將會面對怎樣的融合困難，又有什麼挑戰等待他們，種種棘手的難題，都在可以預視與未知之間徘徊。

同年九月，歐盟執行委員會主席容克（Jean-Claude Juncker）向歐洲議會公佈應對難民潮的新計劃，計劃以強制配額方式，令歐盟各成員國共同安置十二萬難民，數額按各國的人口、經濟能力等因素決定，並將意大利、希臘、匈牙利的六成難民再安置到德國、法國等國，拒絕接受新計劃的歐盟成員國會受到經濟懲罰。

然而，強制配額收容難民的計劃，也使歐盟成員國之間對難民態度的分歧愈趨公開、政治人物之間就此展開激烈爭論。當德國、法國表示願意接收更多難民之際，匈牙利、波蘭、捷克等中東歐國家公開反對接收難民。龐大數量的難民數字為歐洲國家帶來經濟負擔、歐洲社會對於難民潮或會增加恐怖襲擊風險的恐懼、資源爭奪的擔憂……反難民情緒、民粹主義持續醞釀及升溫，開放邊界及人口能夠自由流動的歐洲共同體，因着是次難民潮受到史無前例的嚴峻挑戰。

第一次親眼目睹大批難民，這些新聞報導上的熱話，在現場見到的卻是一個又一個活生生的人。雖然早有心理準備，卻仍然受到不小的衝擊。離開邊境的小村莊後，不免感到沉重。

他們寄望一個安全及更好的將來，教我不禁想起早在這次難民潮之前，我曾在香港採訪過一個來自非洲的尋求庇護者，在處處掣肘的社會環境底下，美好的新生活並沒有來臨，反而活於社會極度邊緣的位置中。他因着尋求庇護者的身分，不能合法於香港工作，輾轉之下只能投入黑工市場，飽嘗被剝削的滋味。難民距離我們，其實並不遙遠。

有時候我會想，自己是否過於濫情，遠方的同情或凝視畢竟廉價，但想起在匈牙利的邊陲之地，看到難民小孩天真爛漫的笑容時，那種心酸的感覺，還是會讓人久久無語。

原文刊於《明報周刊》、《明報・星期日生活》

走了二十五年的民主路——緬甸觀選記

二〇一五年十一月八日，緬甸舉行了二十五年來首次民主選舉，昂山素姬領導的反對黨取得大勝。

在緬甸大選前的一個月，我從香港飛往緬甸仰光。在歐洲旅行期間，我獲悉數個月後緬甸有場歷史性的選舉，不安於份的我，心裏一直盤算前往這個東南亞國度觀選的可能性。二〇一三年休學時，我曾在緬甸旅遊，那時的緬甸才剛結束半世紀軍政府獨裁統治，嘗試推行民主改革及對外開放，得以讓外來者有機會窺探這個曾被視為神秘國度的面貌。

二〇一〇年，緬甸政府宣佈由軍人專政改為文人政府，雖然上任的總統吳登盛（Thein Sein）實際上具有軍方背景，惟隨之而來的一連串改革開放政策，包括釋放政治犯、開放報禁、頒佈多項改善投資環境及吸引外資的法案等，帶領緬甸接上了與世界互動的軌道。歐美世界陸續放寬對緬甸的經濟制裁，外資紛紛到來投資，停滯了近五十年的時光重新轉動，整個國家正急速地邁向現代化。

不過兩年，當我再次踏足緬甸的前首都仰光[1]，明顯地感受到城市的發展正處於如火如荼的階段，商場、大型購物中心、高級住宅、酒店……新建的大樓正不斷湧現。兩年前，我曾深受其通訊發展落後的困擾，這時已經能夠輕易地透過網絡及通訊應用程式，聯絡當地的朋友及受訪者。無論在大城市抑或是發展沒那麼迅速的地區，都能看到人人手上有一部智能手機，這是我第一次到訪時候，未曾見過的情況。

[1] 二〇〇六年，緬甸政府正式宣佈首都由仰光搬遷到奈比都。

我為着緬甸在短短兩年間的發展感到驚訝，也慶幸這樣的發展令我在這趟行程的安排、聯絡、相約訪問，變得容易。關於緬甸近年的「改革開放」，令我想起第一次到訪緬甸的時候，曾在第二大城市曼德勒看過著名異議喜劇團體「鬍子兄弟」的演出。他們諷刺道，所謂改革開放，不過是場「新瓶舊酒」的把戲。

這一個月，我以仰光為起點，去了羅興亞人衝突的若開邦，再到少數民族聚居的撣邦、新首都奈比都、第二大城曼德勒，並於選舉日之前回到仰光。希望能夠以一個月的時間，走訪這個東南亞第二大國的不同地區，感受選舉前夕的氣氛，聆聽不同人士對於這場選舉以及緬甸現狀的評價，也想觀察這場被外界稱為歷史性的選舉，是否真如時任總統吳登盛所説的：自由與公正。

「It's time to change.」昂山素姬在競選期間，對於緬甸人民作出以上的呼籲。

緩緩前行的緬甸民主化歷程

一九四八年，緬甸自英國殖民政府手上獨立以後，曾一度實行多黨制的議會式民主，直到一九六二年，奈溫（Ne Win）將軍發動政變，緬甸自此淪入軍政府的獨裁統治，社會及經濟發展開始停滯了數十年時光，並且成為東南亞極為貧窮的國家。

一九八八年，緬甸各地的學生、僧侶、反對派人士發動了一場爭取民主的大規模民眾運動，並串連策劃舉辦全國示威活動，是在緬甸民主發展歷程中重要的「八八八八民主運動」，最終遭到軍政府的血腥鎮壓。

民主運動被血腥鎮壓之後，軍政府為了尋求其政權的正當性，於一九九〇年進行了一場歷史性選舉，反對黨全國民主聯盟（「民盟」）便是這個背景下出現的產物，「民盟」在那場選舉中獲得第一次壓倒性的勝利，可是，歷史不以個人意志，甚至不以民眾的意志為轉移，軍政府最終不承認這次選舉的結果，並把「民盟」領導人昂山素姬斷斷續續地軟禁了近十五年，其他成員亦同時遭到了政府的追捕與清算。

以上是我們最耳熟能詳的緬甸近代史發展，尤其在昂山素姬於一九九一年獲得諾貝爾和平獎後，目光與焦點更是側重在非暴力抗爭與極權的對抗之中。

相隔二十年，緬甸推出新憲法，立基於二〇〇八年所制訂的新憲法《緬甸聯邦共和國憲法》在公投中「順利」通過，緬甸在兩年後舉行了另一次議會選舉，把權力從軍政府轉移至現行的文人政府，昂山素姬亦於同年被釋放，外界普遍視這為邁向改革開放的先兆。雖然軍方仍然陰魂不散，繼續坐享其既得利益者的位置，但至少披上了一層開放的外衣，引起國際社會對這國度的再度關注。

二〇一〇年的那次大選，「民盟」選擇抵制而沒有參與，後來重新進行了政黨登記註冊，得以競逐兩年後的國會補選，並在二〇一五年的全國大選中，正面迎擊親軍方的執政黨聯邦鞏固與發展黨（「鞏發黨」）。

二〇一〇年，「鞏發黨」首次登場，伴隨着選舉舞弊的指控而贏得大選，成為執政黨，以現代政黨形式取代了過去軍事獨裁。在「八八八八民運」過後，奈溫將軍下台，軍政府成立了「國家恢復法律和秩序委員會」，其後更名為「國家和平與發展委員會」，一直掌握國家大權，直到新政府成立才把權力過渡。作為前軍人的一份子，時任總統吳登盛便是出身自「國家和平與發展委員會」。

二〇一〇年的選舉，緬甸官方不容許任何選舉觀察團隊前往監察。到了兩年後的補選，聯邦選舉委員會破天荒地邀請了國際觀選團前往緬甸。在二〇一五年的這一次大選，本地觀選團隊得到官方認可後，如雨後春筍地出現。選舉當天，那些頸上掛着許可證的觀選員，散佈於緬甸大大小小的票站，相當顯眼。

跨越一大步，開放選舉觀察團

第一次去緬甸旅遊的時候，在香港朋友的聯絡下，我拜訪了仰光政治學院當時其中一個負責人Sai Ye Kyaw Swar Myint，聽他談論為了社會轉型而作的準備，例如共同創辦這一所學院。在我再次到訪緬甸，跟Sai Ye聯絡的時候，他已經成為了觀選團體「可信的選舉人民聯盟」的執行總監。

「這是選委會第一次開放選舉觀察給予本地的觀選團，二〇一〇年沒有，二〇一二年的補選也沒有。」Sai Ye在仰光大學附近的辦公室裏向我解釋。

被《緬甸時報》列為緬甸國內其中一個重要的選舉觀察團體，「可信的選舉人民聯盟」（PACE）成立於二〇一三年，本來是由三個不同領域的民間團體所組成的鬆散組織，後來慢慢轉型成為聚焦於選舉議題的獨立機構，可以說是當地選舉觀察團體的先行者。

「我們很意外，選委會願意接納本地不同選舉觀察團體的意見，並按此修改某些規則。」PACE的其中一項工作是政策倡議，跟選委會有所來往，認為選委會比起過往更願意與公民社會及不同政黨溝通。

對於選委會貌似「開放」的舉動，Sai Ye認為那是他們嘗試尋求其自身的正當性。如果選舉仍然處於封閉的狀態，這無疑是明確地告訴外界，選委會不過是一枚橡皮圖章，毫無自主性可言。「一方面他們想獲得認受性，一方面也是來自國內逐漸增加的壓力，所以除了邀請國際觀選團外，亦會嘗試接納本地觀選團體所提出的建議。」

是次選舉，PACE調配了一百三十個長期觀察員到不同選區作出近兩個月的觀察，並於選舉當天，派出超過二千名短期觀察員，進駐多個票站。根據PACE在選舉後發表的初步報告指出，觀察員在票站觀察及點票過程中，基本上沒有受到任何阻撓，從選舉前夕到結束，也沒有發生太多異常狀況，對於這次選舉的評價尚算正面，但也特別提及一些明顯的爭議，涉及是次選舉的缺陷，如軍方仍然不用透過選舉便坐擁國會四分一議席、衝突地區投票的資格被取消、白卡（臨時身份證）持有人的選民資格被剝奪……

而成立於一九九七年的「亞洲自由選舉觀察團」（ANFREL），在亞洲約十五個國家觀察過近三十五場選舉，這是他們第一次在緬甸進行正式的選舉觀察。

在接近大選的這一個月，基本上我會留意緬甸當地的英文報章及雜誌，以了解最新的情況。有媒體採訪不同的觀選團，其中一個便是ANFREL，拜助社交媒體的發展，讓我順利聯絡上這個組織的執行總監Ichal Supriadi。

「記得二〇一〇年的選舉，我們只能偷偷地進行觀察。」來自印尼的Ichal Supriadi回憶起當年的秘密「觀選」，對照之下，那是完全截然不同的光景。

大選前夕，我跑到ANFREL位於茵雅湖附近的臨時辦公室，所有工作人員都異常忙碌，除了準備觀選的工作外，還要應付大量傳媒的來訪。Ichal Supriadi在百忙之中，騰出了一小時給我。

ANFREL總共派出了二十個長期觀察員，走訪緬甸全國作選前選後的觀察，而選舉當天，則有三十二個短期觀察員。撇除資料性的詢問後，我很想知道，在做過這麼多個亞洲國家的選舉觀察後，緬甸的大選有否特別之處？Ichal Supriadi沒有直接評論，他覺得雖然仍然有很多地方需要改善，但對緬甸來說，這次選舉是一個不錯的開端，肯定選委會作出的努力，認為緬甸正在進步。

「如果你要用歐美標準來比較緬甸的選舉，這是不公平的。」當我詢問有外界質疑這是可被操縱的「假選舉」時，Ichal Supriadi承認現行的選舉法有瑕疵與不足，例如軍方人員自動當選，但同時提醒，不能以非黑即白的二元對立來看待是次選舉。

另一方面，來自歐盟選舉觀察團在選後的初步聲明指出，現行憲法架構底下的限制，如國會有四分一議席不由選民的意願決定，沒有足夠的機制解決選舉的爭端，故此這不能算是全面地提供了一場「真正的選舉」。讀着歐盟的聲明，彷似在歐亞差異的經驗中，看到了一場有趣的對照。

Ichal Supriadi打趣地說：「即使我們的國家（印尼），在民主選舉中偶爾也會出現一些狀況，例如像緬甸選前爭議不斷的選民名單問題。」僅次於印尼，緬甸是東南亞的第二大國，兩者都曾經歷過軍事獨裁歲月，印尼民主化進程比緬甸走前了一步，但這條道路走得並不容易。基於文化、社會、宗教和歷史脈絡的不同，難以將兩個國家直接比較，只是互為近鄰，不失是一面參考的鏡子。在ANFREL選後發表的中期報告中，也提及緬甸可以學習印尼的民主化過程，如何從憲法中保留軍方的二十五%議席，轉型至一個更具有代表性的議會，以鞏固民主的成果。報告中肯定這次選舉對於緬甸民主的重要性，同時提醒他們要繼續保持警惕。

繼續追求民主

選舉前一天，我來到緬甸知名藝術家登林（Htein Lin）的家中。連日來，他一直奔波於「民盟」的競選活動中，疲態盡現於中年的臉龐。

拖着低沉而沙啞的聲線，將近五十歲的他向我娓娓道來這二十多年的經歷。曾為「八八八八民主運動」的學生領袖之一，事後不免受到政府的清算，登林躲進了緬甸與印度邊境的叢林中，並加入由「八八世代」學運人士所建立的武裝組織「全緬學生民主陣線」。那段艱難的日子，他依然歷歷在目。

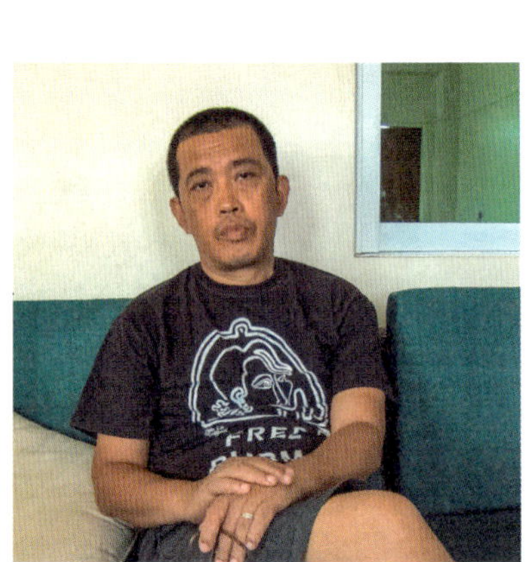

←緬甸知名藝術家登林，曾為八八八八民主運動的學生領袖之一，在這次選舉期間，為「民盟」的競選活動奔波。

「當時我們太天真，以為印度政府有意幫助我們。」

這解釋了為什麼緬印邊境的叢林會是學運份子的其中一個據點。對於學生來說，要適應叢林生存的法則，是一道大難題；但最可怕的，始終不是自然力量的考驗，而是人性。權力鬥爭似乎永遠考驗着每一個人。

英國自由主義者阿克頓勳爵（Lord Acton）曾說過：「權力本身具有導致腐敗的傾向」。那時，「全緬學生民主陣線」分了兩派人，登林所屬的一派被另一派別視為間諜，曾為同伴的人立時壁壘分明，並將他逮捕。最震撼的是他見證身邊的同伴被殺害。那時他醒覺，這不是民主，只是權鬥。一九九三年，他回到仰光大學，修讀仍未完成的法律學位。畢業以後，他走上了另一條道路：當一個藝術工作者，以另一種形式作對抗。

一九九八年，正值「八八八八民主運動」的十周年前夕，他遭到政府拘捕，被關押了六年多，於二〇〇四年釋放。在監獄中，他沒有放棄從事藝術創作，買通監獄的人，用囚犯衣服作他的畫布，再偷偷運送出外。出獄後，他得到現任英籍妻子褒曼（Vicky Bowman）的幫忙，這批畫作被運送至阿姆斯特丹的社會歷史國際研究所檔案館中，引起國際關注。二〇〇六年，他隨妻子移居至倫敦，卻發現再也無法返回緬甸。他很可能會因這批畫作，在入境時被當局拘捕。

二〇一二年，吳登盛政府上台後一年，一連串改革正如火如荼地進行。登林獲准回國，妻子和女兒的簽證也沒有問題。判斷過各種形勢以後，他們決定舉家搬回緬甸生活①。

同年，緬甸政府特赦了一批政治犯，二十多歲的D Nyein Lynn是其中之一。

大選過後，一切處於尚算平穩的狀況，我和

①自二〇二一年緬甸軍方發動政變後，登林及其妻子、英國前駐緬甸大使褒曼，被指違反移民法規，於二〇二二年被軍政府分別判處一年有期徒刑。

D Nyein Lynn在仰光一家連鎖咖啡店見面。他是二〇〇七年的學運人士，那一年，緬甸發生了一場反對軍政府的示威行動，後來僧侶介入，外界稱其為「袈裟革命」（又名「番紅花革命」）。軍政府出動武力鎮壓，一些記者把影像拍下，秘密運出國外，製作成紀錄片《緬甸起義：看不到的真相》（*Burma VJ: Reporting from a Closed Country*），讓外界理解這次革命。

當年十九歲的D Nyein Lynn是學運領袖之一，遭軍政府拘捕，判處有期徒刑十五年半，在專門用來關押政治犯的茵盛監獄服刑。他在監獄度過了四年多，因特赦提早獲釋。

二〇〇四年，D Nyein Lynn入讀西仰光大學，修讀地質學系。讀了兩年大學後，他覺得教育制度充滿諸多缺陷：「現在全國大約有一百六十八間大學，幾乎都位於偏僻的位置，上學非常不方便。你要知道，我們沒有宿舍，大學缺乏基本設施，進入學校還要進行身分辨識。」他開玩笑道，這很像一所監獄。

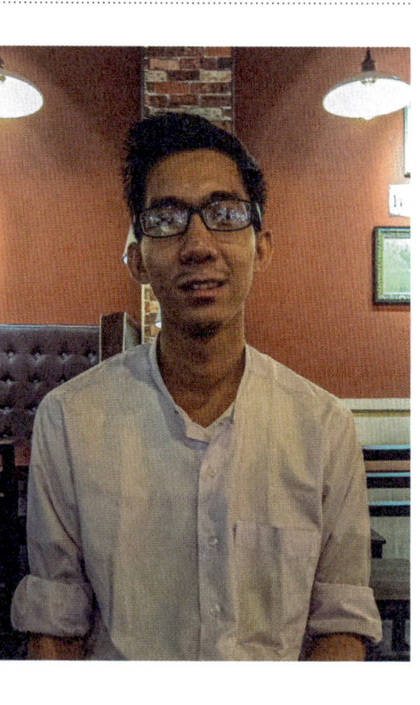

↑ 年輕的學運領袖 D Nyein Lynn 於二〇〇七年因參與反對軍政府的示威行動，遭拘禁四年多後釋放。

為了爭取學生權益、推動教育改革，他與同學密謀重新籌組「全緬學生會聯盟」。這個以全國串連為基礎的學生組織，前身為一九三六年成立的「緬甸全國學生會」，直到一九五一年才改名。這個學運組織跟緬甸爭取獨立與民主的歷史有深厚淵源，「獨立之父」昂山將軍曾是這個學生會的主席。從反抗英殖民政府到反對軍事獨裁政府的鬥爭中，都能輕易看到學生的身影。自從一九六二年奈溫將軍發動政變後，學生組織的活動被迫轉為地下化，直至一九八八年的民主運動期間，才再次公開地重新出現，但很快又受到軍方壓制。

在緬甸，學生運動一直扮演着先鋒角色。從三十年代昂山將軍帶領緬甸人民走上獨立之路，至一九八八年的民主運動，一直都是當權者的眼中釘及憂慮，在獨裁政權底下，學生不被容許成立學生會，視這為培育異議份子的溫牀。D Nyein Lynn 說，二〇〇七年前後，沒有很多學生加入，因為很多人被恐懼纏繞。

直到緬甸逐漸開放後，愈來愈多年輕人關心政事，加上資訊的解禁，獲取信息更為容易。二〇一五年初，學生運動再次湧現，抗議政府不久前通過的《全國教育法》，認為法案干預了學術自由，同時收緊大學的自主性。最終，多名學運人士遭到拘捕。舊一批的政治犯被釋放了，然而根據國際特赦組織關於緬甸的最新報告，新一代政治犯又再出現，人權狀況將有走回舊路之虞。

選舉日：見證歷史時刻

選舉當天，凌晨時分，我跟隨着當地媒體 *Mizzima* 以及 *Democracy Voice of Burma* 的記者，抵達昂山素姬所屬的票站，那是位於仰光中北部的巴罕區（Banhan

Township）第三小學。天仍未亮，已有多家本地及國際媒體機構在守候。

距離正式投票的時間還有一小時，已有民眾前往票站外排隊，等待開門的一刻。晨曦初露，天空從漆黑一片逐漸轉變為魚肚色，如同這個國家的發展，走過黑暗的歲月，彷彿慢慢看到明亮的曙光。

踏正早上六時，第三小學的大門一開，記者、選民、觀察員，立刻一窩蜂地湧進去。「這是我第二次投票了，第一次在五年前。這次選舉明顯看到更多人投入其中，而程序上沒有多大限制，雖然未達至完美的標準，但已經有所改善了。」二十九歲的醫生Kyaw Thet Soe剛投完票，染在尾指上的深藍色墨水仍然未乾，那是投票的印記，亦是當局為了防止重複投票的措施。訪問期間，醫生的媽媽經過，面上帶着自信的表情向我透

↓ 在大選前後，市面上不難看到印有昂山素姬肖像的宣傳品。

露，她和三個兒子都一起前來投票了。

唐人街一帶，票站明顯比巴罕區破落，小小的斗室外，排滿了一條長長的人龍，緬甸的天氣酷熱難當，選舉日也不例外，人人撐着一把雨傘，頂着大太陽，沒有怨言地繼續排隊，只為等待投票的一刻。

接近投票結束的時間，約莫下午四時，仰光街頭下起陣陣大雨，雨勢雖大，卻沖不去緬甸民眾的喜悅之情。黃昏時分，「民盟」勝選的消息不斷傳出後，大量民眾聚集在「民盟」的總部外，等待昂山素姬出現。我們雖看不見她的身影，但人潮依舊擠擁，黏貼在一起的身體，似在告訴我這外來人，他們對於改變的盼望。

最終這場歷史性大選，沒有懸念地，由「民盟」以壓倒性的姿態勝出。

選舉以和平的姿態落幕，舉國歡騰之際，正如許多論者指出，選舉只是民主的其中一環，目前緬甸國內仍然充斥着各種問題，例如貧窮、種族、宗教、性別、人權、軍方勢力……這次選舉只是一個看見光明的開端，那些埋藏在喜悅底下的哀愁、各種複雜而盤根錯節的難題，都需要「民盟」所執政的政府認真面對和解決。這是改變的時刻，但願真的如此。

後記：二〇二一年，如果不曾擁有真正的民主

我以為我曾目睹緬甸民主化道路上其中一個重要的里程碑，只是這一切，都在二〇二一年二月被無情地粉碎。

二〇二一年二月一日，緬甸軍方發動軍事政變，推翻由「民盟」執政的政府，並且拘捕已成為國務資政的

昂山素姬、總統溫敏（Win Myint），以及一眾政府內閣成員。一夜之間，權力再次落到軍方的手上。

在二〇一五年觀選之後，我曾以為緬甸往後的道路將稍為平順，然而一切都是幻象。陰魂不散的軍方勢力，輕易就便能奪得權力，全國進入緊急狀態，斷網、封鎖，繼而爆發大型反對軍事政變的示威，歷史不斷重複，反抗的人們，再次遭到軍方的血腥鎮壓。

根據政治犯援助協會的數據顯示，直到二〇二二年六月，近二千人在這次軍事政變中遭到軍方殺害，約一萬四千人被拘捕。

事實上，即使在執政權力移交給反對黨領導政府之後，軍方勢力從未退出緬甸的政治舞台。根據緬甸憲法規定，國會中有四分一的議席需預留給軍方；國防、邊境事務、內政部長均由軍人擔任；軍方對憲法改革擁有

↑ 大選當天，投票站仍未開門，已有大批民眾在外排隊等候。

否決權，而軍隊有獨立管制而不受總統領導。由是，緬甸近年的民主化，都是受到軍方的密切監管。

看着六年後發生的政變，所謂民主化進程，都可以在短時間內，陷入大倒退的狀態，就像他們不曾擁有過真正的民主。民主轉型從來都是極其艱難而佈滿血淚的過程。這些年間，聽過的故事，當中的連結大概是這兩個字：堅持。只能是這樣吧。

原文刊於《明報周刊》

在昂山素姬以外，反對黨女性參選人從政路上的跌跌碰碰

喬治．奧威爾的作品《緬甸歲月》（*Burmese Days*）中，有這樣一段描述，做盡壞事的緬甸治安官吳波金，由於相信佛教信仰中的輪迴因果論，為了下世投胎時仍能當一個男人，想方設法在日常生活中積福，以抵銷過往所做的各種罪行，點出在緬甸傳統社會中，男女之間極大的差異：「女人跟老鼠、青蛙什麼的層次差不多，頂多算是一種類似大象這樣的高級點兒的動物。」

奧威爾在上個世紀三十年代寫下這部以緬甸為背景的小說，行文中不時透露女性在當時社會的卑微與低下。

時間回到二十一世紀的今天。在緬甸舉行歷史性選舉的前後，仰光街頭，隨處可以看到貼滿昂山素姬肖像的宣傳物品，緬甸民眾熱烈支持昂山將軍的女兒，甚至稱她為「媽媽素」。我遇上一些人，直言其所信任及尊敬的，只有昂山素姬，而非「民盟」。作為女性領導人，溫婉而陰柔的形象，與軍政府所代表的父權架構，有着強烈鮮明的對照。我很疑惑，昂山素姬的受歡迎程度，是否代

← 有民眾把昂山素姬的肖像紋在上臂。

表女性的地位及處境在緬甸有所改善？事實上，兩者似乎沒有必然的關係。

昂山素姬的參政，不代表緬甸女性面對的情況

選舉前夕，我在緬甸朋友的介紹之下，認識了反對黨「民盟」的女性候選人拉拉索（Naw Susanna Hla Hla Soe），聽她分享參選的初衷、以及女性在緬甸參政所遭遇到的困境。

→「民盟」的女性克倫族候選人拉拉索，半生奉獻在當地的女權運動。

「我相信昂山素姬是一個很優秀的領袖，但坦白說，她是一個非常特殊的例子。如果以她來作為緬甸女權狀況的指標，只會見樹不見林。」拉拉索這樣對我說。

拉拉索是緬甸知名的女權行動者，把半生奉獻在當地的女權運動。她曾在國際非政府組織工作了十多年，但深感國際組織在極權政府統治底下的諸多限制，於是在二〇〇三年，自行創辦一個在地的婦女組織：「克倫婦女充權組織」，提供各項的培訓及協助，雖以克倫族為名，卻不限於任何民族。

這麼多年一直跟進女性議題有關的工作，拉拉索毫不猶豫地指出，現時緬甸女性面臨最嚴重的問題是安全問題，「我們國家沒有真正保障女性的法例，安全是當下最為嚴峻的問題，例如家庭暴力、拐賣、強姦。曾經有家暴的受害者向我們尋求協助，當我們陪伴她們去警

察局報案時，警察往往擺出一副愛理不理的樣子，最終不了了之。」

一九九六年，緬甸政府成立了「緬甸婦女事務全國委員會」，隸屬社會福利與救濟安置部、內政部旗下，以促進性別平等為目標。一九九七年，緬甸加入了聯合國《消除對婦女一切形式歧視公約》，成為締約國的一員。根據「消除對婦女歧視委員會」在二〇一〇年的會議紀錄，緬甸提交的進展報告中，意圖呈現出其為婦女權益作出的努力，以及婦女在法律上享有平等的權利。例如，緬甸官方強調現行的《緬甸聯邦共和國憲法》中，關於禁止人口販賣的第三百五十八條，便是特別為了保護婦女及兒童免受暴力行為的對待。

驟眼看，官方似乎一直有為性別平等而積極做不同的工作。但制訂了法律及設立相關機構，跟女權狀況是否真正有所改善，不一定呈現正比的關係。此外，由於政府轄下的婦女組織，或是女權運動的存在，相比起其他以民主改革為訴求的反對運動，並不足以影響政府運作的正當性，對政權沒有構成太大的威脅，甚至可以替政府挽回一些聲譽。

我從拉拉索的經驗中看到另一種挫敗。她在婦女團體工作時，接觸到形形色色的個案，不斷向國會議員倡議、與他們溝通，卻沒有多大成效，促使她有了參選國會的念頭，成為立法者，在體制內推動婦女的權益。

婦女被排拒於主流的視野

身為克倫族的她，見證少數民族武裝組織與政府軍之間的衝突，看到無數婦女和兒童因戰禍而遭受的傷害。少數民族的婦女，雙重的邊緣身分，面對的是雙重威脅。

緬甸是多民族國家，一直以來屢屢爆發少數民族的武裝力量與緬甸政府之間的衝突，衝突地區沒有法律可言，生命更是沒有保障，除了遭受來自政府軍的性暴力對待，連屬同一民族的武裝組織，也會性侵犯當地婦女。然而，她們的處境，卻鮮少有人提及，邊緣群體持續被排拒於主流的視野論述中。

象徵性大於實質意義的「全國性停火協議」中，八支武裝軍隊與政府就停戰達成協議，可是坐在談判桌上的清一色是男性領袖，這是一場以男性為主導的角力賽，談不上有任何性別平等的意識存在，而在戰火中被傷害的女性，更遑論能討回公道。

聯合國緬甸人權特使李亮喜（Yanghee Lee）在二〇一五年呈交的緬甸人權狀況報告中，曾經強調女性在參與建設國家和平道路中的重要性：「尤其是受衝突影響社區的婦女，必須能夠充分且平等和切實地參與所有有關預防和解決武裝衝突、維持和平與安全、在衝突後建設和平的活動，從而實現持久的和平。」

李亮喜在報告中特別留了一個篇章給緬甸的婦女歧視問題。在性別歧視的問題上，貌似推動性別平等的政府，其實有着共謀的角色，她提及緬甸政府嘗試推行的「計劃生育」。二〇一五年五月，總統吳登盛批准了新的人口法，這條法例容許地方政府以減少生育率為名，規管婦女的生育權利，強制必須於兩胎之間，至少要有三十六個月（即三年）的間隔期。「計劃生育」這個概念不陌生，國家透過法律與規訓介入私人生活的領域，美其名是為了人口的控制，但懲罰性的手段，似乎暗示着，女性的子宮也逃不過被政府操縱的命運。

透過參選，為議會注入一點改變

制訂法例上的性別盲點，某程度跟國會內的男女失衡狀況有關。在現行的憲法中，雖然明文確保了婦女參政的權利，然而，在國會內只有四%的女性議員。以議會共六百六十四個議席來計算，大約只有二十七名女性議員。這是其中一個使拉拉索決定參選的原因，說不上是打破議會內的性別結構，但起碼為此注入一絲改變。

我好奇問她，那麼「民盟」派了多少名女性候選人？她說有一百六十八人，但是在「民盟」派出一千一百五十一名候選人中，女性的比例不過是佔十分之一。拉拉索進一步解釋，這涉及女性參政的困難之處。

「我認為有三個原因，第一是緬甸的文化與習俗，很多人不相信女性有領導能力；第二，家庭的支持與否亦是非常關鍵的因素，我們看到很多有潛質的女性，就是因為家人的阻礙，沒法成為候選人；第三，關乎是否擁有參與政治的平台。」

除了上述的因素外，她也曾因着性別而遭受攻擊，拉拉索在參選國會前一年，曾經參選仰光城市發展委員會：「當時的對手故意散佈謠言，為我塑造出一個極差的形象，例如說我的水平很低，會和鄰居打架、整天只會說政府的壞話……令別人認為女性的本質只是八卦、粗魯，沒有任何領導的能力。」她所說的都令我想起社會對於刻板形象的塑造，尤其像緬甸這樣的發展中國家，要打破既有的想法並不容易。當歷史性的選舉過後，昂山素姬領導的「民盟」大勝之際，這不過是民主進程的其中一步，前路仍是充滿着重重的險阻。在女性議題方面，不論是安全問題、議會男女比例的結構，或是缺乏公民教育而產生的刻板印象、少數民族婦女在戰火中的困境，甚至是國家透過法律對於女性身體的規訓……都提醒着我們，即使誕生了昂山素姬的國度，女權狀況仍然不甚理想。但隨着二〇一〇年後的改革，對於公民社會的鬆綁，愈來愈多以女性議題為主的組織出現，如女性參政、女性面對的性暴力等，有些更進一步關注到性別議題的領域，包括LGBTQ群體的權益。道路雖然崎嶇，卻緩慢地前行中。

如果說，公民社會的力量有機會被政府收編，甚至當權者本就有能力設立相關的機構，那麼拉拉索從女權運動領導轉身成政治人物的歷程，便提供了一扇窗口讓我們去理解女權運動與民主運動之間的結合。她是在今年決定參選後才加入「民盟」，我好奇為何她不以獨立候選人的身分參與或加入克倫族的政黨，而是加入最大的反對陣營中。

「『民盟』提供了一個平台。他們在揀選候選人的時候有三個原則，第一是青年，第二是婦女，第三是少數民族。我剛好符合了其中兩個。」一直與反對黨保持良好合作關係的她，在二〇一二年的國會補選中，義務幫忙籌款與協助競選的活動，亦曾經在接受緬甸傳媒的專訪時，提及昂山素姬在獲釋後，曾經與當地的婦女團體碰面，了解女權運動的最新狀況，提供了不少有用的建議。

除了帶領着緬甸民主運動的走向，作為女性領袖的象徵，相比起男性領袖，昂山素姬無疑對於性別意識有着較為敏感的關注。她曾發表演說，提及緬甸女性在國內受到的歧視與偏見。雖然緬甸的女權狀況並沒有因為The Lady的存在而有劇烈的轉變，但昂山素姬曾經在十年前，為婦女論壇留下過這樣的註腳：「只有在這樣的社會中，男性對於自身的價值擁有真正的信心時，女性的存在便能夠不僅僅是被忍容，而是受到重視。」

聽着拉拉索道來那些關於女性在緬甸參政所面臨的困境，甚至是最基本的安全議題。這些一切不免提醒，現在我們能夠享有並視為理所當然的權利，如參政、投票、免受暴力對待等等，都是歷史上很多勇敢的女性一步一步透過行動爭取回來的空間。我從拉拉索的身上，看到緬甸要走的路仍然很長。

原文刊於《端傳媒》

衝突與壓迫——孤立無援的羅興亞人

「我只是不明白，為何國際的關注都放在羅興亞人身上，有些人還指控說這是種族滅絕，我覺得以上指責過於嚴重，而且說話的人也忽略了緬甸境內其他人民的困境。我認同需要認真處理及解決宗教與族群之間的衝突，但受到政府迫害的，還包括緬甸的平民。」在緬甸觀選期間，有次和朋友吃晚飯的時候，談到這個國家近年的宗教衝突，屬於克倫族的她說出了這一番話。①

二〇一二年，緬甸西南部的若開邦發生了嚴重的暴力衝突，衝突來自當地的佛教徒與羅興亞穆斯林，造成大約一百八十人死亡，約十四萬人流離失所。二〇一五年初，為了逃避政府的迫害，以及遠離在緬甸的嚴苛處境，羅興亞人再次逃亡到鄰近諸國，例如馬來西亞、泰國、印尼。有人口販子棄船離開，把不知所措的羅興亞人遺留在海洋中，加上諸國拒絕接收這批被政治迫害的難民，或把他們再次推回海上，造成人道危機，使羅興亞難民議題再次重回國際的視野中。另一方面，在緬甸全國大選中，吳登盛政府剝奪羅興亞人的投票資格，也引來了零星的爭議。

為了一探究竟，在大選前夕，我嘗試進入曾為衝突現場的若開邦首府實兌。這個曾經一度禁止外國遊客從陸路進入的邦區，是緬甸最貧窮的地方之一，除了古城妙烏是較為知名的景點外，基本上很少遊客踏足這一片土地。相關資訊的匱乏，也為若開邦添上了一層神秘的面紗。

在仰光坐上長途巴士後，花了接近三十小時，我終

①緬甸為多民族國家，獲官方承認的民族有一百三十五個，緬甸華人、印度裔、羅興亞人等未獲政府承認。

於抵達這個位於緬甸西南部的地區。

在若開邦的實兌，不一樣的選舉氣氛

相較於仰光市內熱烈的選舉氣氛，實兌是截然不同的光景。沒有鋪天蓋地的「紅色孔雀旗」（「民盟」的黨旗），難以察覺若開民眾對於最大反對黨的支持，倒是以少數民族為基礎的若開民族黨，佔據着實兌大街小巷的宣傳板，與「民盟」的冷清，形成了強烈鮮明的對照，而選舉的氣氛，在這裏一點也不熱烈。

競選期間，昂山素姬曾在若開邦進行為期三天的競選活動，卻避開了充滿爭議性，以及聚滿羅興亞人的北部地區。昂山素姬及「民盟」在若開邦處於一個頗為尷尬的位置。為了避免惹怒當地的激進佛教徒，她選擇在羅興亞議題上保持緘默，但正因她異常低調的姿態，導致國際社會的支持者大為失望。

「我認為穆斯林與若開佛教徒之間的對立，很大程度是由登盛政府操弄出來的議題。」人道組織 Myittar Resource Foundation（MRF）的聯合創辦人兼項目經理 Ko Ko Lwin 在他的辦公室，以緬甸人的視角，向我解釋他在若開邦的工作經驗及觀察。

MRF 成立於二〇〇八年的納吉斯風災後，當初是

↑ 若開邦是緬甸最貧窮的地方之一，基本上很少遊客踏足這一片土地。二〇一二年，這裏發生羅興亞穆斯林與若開佛教徒的流血衝突，自此國際社會關注羅興亞人的處境。

以災後重建及人道主義工作為目標，直到二〇一二年發生了宗教衝突後，他們進入了若開邦的首府實兌，在該邦展開了漫長的和平建設工作，以「不分種族、膚色、政治派別、性別、信仰」為原則，為若開佛教徒及羅興亞穆斯林的社群提供服務，協助修補族群之間的撕裂，可以說是當地唯一一家來自緬甸的非政府組織。

「我認為最少有三個面向顯示政府是有份製造衝突的共謀。第一是經濟面向，緬甸政府為了遮掩與中國合作的中緬油氣管道，利用其他事件轉移視線，令民眾無暇關注，甚至進一步抗議；第二是要維持政權的穩定性，因為動亂，提供了一個軍隊必須駐守於此的理由，強化軍隊的正當性；最後，便是散佈『伊斯蘭恐懼症』，政府懂得操弄族群與宗教之間的政治，透過取悅少數民族（若開族），讓他們有種『政府站在我這一邊』的感覺，以換取他們的支持。」

Ko Ko Lwin 認為，這是一種滾雪球的效應，以上的因素不斷累積後，造成一發不可收拾的後果。

拉扯着政治、宗教與種族，未見盡頭的和解之路

「這是政治、宗教、種族三個元素互相交纏的問題，就像鐵三角般，你記住要這樣去理解問題，才看得見背後千絲萬縷的關係。」在實兌著名的「觀景點」，眼前是一望無際的孟加拉灣，中年的 Alex（化名）喝着椰青，在炙熱的太陽底下，慢慢道來在實兌生活六年的故事。

Alex 的老家在仰光，二〇〇九年，他在一家國際人道組織工作，隨着機構來到實兌，雖然已經離職，卻再也沒有離開，連戶口也遷移至此。

他說，剛抵達實兌的時候，市面上的氣氛仍然平靜，約有兩成穆斯林與佛教徒會一起工作，雖未達至融洽相處，但起碼沒有互相排斥，「大家會保持距離，那是一種『人不犯我我不犯人』的心態。」

直到二〇一二年的衝突發生後，政府很快宣佈當地進入緊急狀態，並且實行戒嚴。二〇一四年初，一些在實兌設立辦公室的國際非政府組織受到襲擊，然後撤離

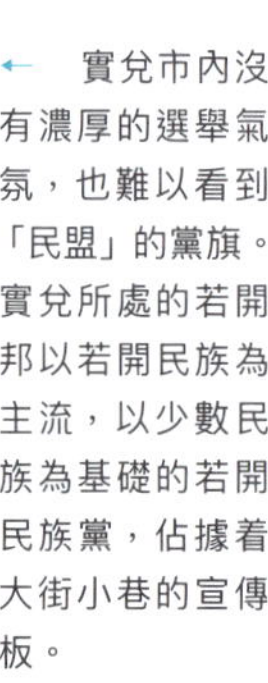

← 實兑市內沒有濃厚的選舉氣氛，也難以看到「民盟」的黨旗。實兑所處的若開邦以若開民族為主流，以少數民族為基礎的若開民族黨，佔據着大街小巷的宣傳板。

該地，情況一度十分嚴峻。

「有些本地人認為國際組織偏向羅興亞人，但也沒辦法，因為他們要服務最弱勢的一群，而國內的流離失所者有近九成都是穆斯林，某程度形成了一種局限。」Alex對我說出國際非政府組織在若開邦所面對的困難。

根據聯合國難民公署在緬甸的專頁，他們在若開邦所關注的主要群體為國內流離失所者、無國籍人士、難民、回返者和收容社區，但也承認援助工作因當地政治背景而受到限制。

「現在氣氛算是平靜了許多。」經歷了衝突與戒嚴的日子，Alex認為雙方的緊張關係逐漸緩和。然而，大街上難以看見穆斯林，他們大多數被送進了由政府設置的國內流離失所者營地裏，光在實兌便有近二十個營地。聯合國難民公署認為這種隔離，限制了和解的努力和共存的空間。

如果說國際非政府組織在重建與和解的工作上，面臨諸多的難題時，來自本地的MRF便提供了另一道解決難題的方法。我問Ko Ko Lwin，從事和解工作有否太大的困難時，他說幾乎沒有。「首先你要和兩邊社群建立一個信任的關係，我們是從這方面入手的。不論是佛教徒還是穆斯林尋求協助，我們都會提供幫忙。」關係建立以後，他利用工餘的時間，為當地居民提供訓練，用三個月的時間教授社會科學的課程，至今已有三百個參與者。

「我們希望能夠透過教育來消除歧視，有人透過散佈仇恨言論操縱族群之間的對立，加上若開邦是緬甸第二貧窮的地區，教育程度普遍低下，如今我們作出嘗試，改變固有的偏見。」除了授課，MRF還舉辦許多有趣的活動，以軟性的手法來傳達信息。維持了近三年的工作，Ko Ko Lwin彷彿逐漸看到成效，他說：「你必需同時看到若開居民的困境，他們因為極端的貧窮而承受很大的傷害。」

隨即，他伸出一隻手遮住左眼，批判媒體的盲點：「一方面，國際媒體只聚焦於羅興亞人的慘況，卻忽略整個若開邦的困境，若開居民其實是會妒忌的，變相累積出更多不滿。另一方面，若開當地的媒體又不斷指責穆斯林是非法移民，在雙方都遮閉了一隻眼睛的情況下，和平的道路會更艱難。」族群之間的矛盾，甚至成了一場媒體之間呈現方式上的角力。

實兑之行，MRF曾嘗試替我聯絡兩邊的社群，只是他們都不太願意談論彼此之間的矛盾，而我也因為沒有政府的許可證，無法前往國內流離失所者營地。被隔絕的羅興亞人，無緣參與這場歷史性的全國大選，變天與否彷彿與他們沾不上邊。即使換了新政府上台，他們仍然屬於孤立無援的一群。

我沒有帶着太多想像走進實兑，這個在緬甸境內貧窮的地區，與仰光或其他大城有着截然不同的面貌。當緬甸走「改革開放」的同時，這裏沒有什麼遊客，市面破落簡陋，沒有太多的基礎建設，沒有經濟發展與轉動的痕跡。我能見到的，是衝突過後仍在繼續的日常生活，但這裏沒有羅興亞人，只有若開族人。

後記：失去光環的民主女神

在「民盟」的新政府上台之後，緬甸對於羅興亞人的迫害並沒有結束。自二〇一七年起，緬甸軍方被指控對國內的羅興亞人展開了種族滅絕的行動，多達七十五萬羅興亞族人被迫由若開邦逃到鄰國孟加拉。

二〇一九年，昂山素姬出席海牙國際法庭針對種族清洗的訴訟案件時，為緬甸作出抗辯，否認緬甸政府涉及種族清洗，要求國際法院取消案件，認為軍方的行動是為了針對「極端主義」的威脅，屬於內部武力衝突。

國際社會對於曾經獲頒諾貝爾和平獎的昂山素姬大失所望，招致國際輿論的批判，其民主鬥士的形象，也由此跌至低點。在緬甸社會眼中，羅興亞人不屬緬甸社會的一員，輿論不斷將他們稱為「孟加拉人」，是外來的他者，加上國內有接近九成人口為佛教徒，「民盟」政府傾向取悅佔大多數比例的緬甸人及佛教徒。無論國際社會如何抨擊，「民盟」政府沒有因而改變立場，而他們在緬甸仍幾乎一面倒受到支持者的歡迎。

羅興亞人受到了國際社會的關注，卻始終無法安全地居住在他們視為家鄉的緬甸土地。當他們逃到了孟加拉後，大部分人留了在世界最大型的難民營之一的科克斯巴扎爾（Cox's Bazar）生活，完全依賴人道救援；然而，難民營裏的暴力事件時有發生，生活狀況急劇惡化，而這些進退失據的羅興亞難民，仍然活在水深火熱的處境之中。

原文刊於《明報周刊》

第三部
三十歲以前，我去了英國工作假期

回到香港之後，我正式踏入職場，這樣一留，就是五年。

我正式成為一名記者，像是冥冥之中的牽引，讓我能夠「在場」見證香港重要的時刻。我在雜誌社擔任專題記者，後來又轉到報館跑港聞。這五年的經歷，開了我更多的眼界，也打好一些基本功，於我彌足珍貴。

然而，在一個地方待久了，想要短暫離開的想法又再次出現，希望趁着工作假期的限制，在三十歲前再去外國體驗。於是，在疫情之年，我申請去英國工作假期，闊別香港兩年，在不長也不短的時間裏，為人生寫下另一篇章。

我離開了工作的崗位，卻沒有卸下記者的身分。去到英國後，我繼續以獨立記者的方式與不同媒體合作，為當下紀錄。這是我第一次在歐洲生活，在這段時間裏，思考了更多人生的可能性。

「二字頭」的日子結束了。三十歲的我，期待着下一個十年。

斜槓生活——在社區的裸買環保小店打工

我是在疫情之年申請英國工作假期的簽證，幾經波折，終於定下起行的日子。二〇二一年二月，在英國仍然處於封城的狀態下，我搭上前往倫敦的飛機，展開一段全新的旅程。

選擇英國作為這次的目的地，主要是因為語言方便，而在我的想像中，倫敦是前往歐洲各地的基地，就像以前駐港的外國記者，把香港視為探索亞洲地區新聞的基地那樣。

寒冬下的日子，倫敦的街頭因封城極度冷清，只有超級市場等販售生活必需品的商店營業，而食肆也只做外賣生意，我就在這樣的死寂狀態下渡過了在英國的首兩個月。

兩個月後，英國政府宣佈分四個階段陸續「解封」，不少非販賣生活必需品的商店、食肆及場所重新營業。當第一階段的解封實施之後，人們回到街上，城市變得熱鬧起來。出發之前，我曾經因為疫情感到擔憂，雖然拿着可在英國工作的簽證，但能否找到工作，仍是未知之數。

← 二〇二一年二月，在英國仍然處於封城的狀態下，我搭上前往倫敦的飛機，展開一段全新的旅程。

在封城的日子，我除了替香港的媒體進行一些採訪工作之外，也以自由工作者的身分接下不同案子，維持一定的生計。然而，既然難得來到另一個國家，我也希望找到一份在地的工作，融入當地的生活。畢竟，當初申請工作假期，就是想體驗海外的異地生活。

於是，在英國解封之後，我開始留意求職網站上的招聘廣告，將個人履歷發給每間有興趣的公司、小店、咖啡店。

在小店當店員，確立生活的節奏

過往香港人熱門的工作假期目的地大都在澳洲，多數人選擇在農場工作，負責採摘、包裝水果與農作物。相比澳洲，在英國的工作假期計劃對工種沒有太多的限制，除了某些專業，如醫生等，其他皆可以選擇。於是，不少人選擇當售貨員、侍應、文職，甚至專業工種。就像我的朋友在英國工作假期期間，有從事廣告製作、有在地方政府工作、有做中式超級市場店員，也有在日本餐廳做廚房……

解封之後，在當地找工作不是一件艱難的事。根據英國政府公佈解封後三個月的就業數據，有超過一百萬個職位空缺，是破記錄的新高。走在街上，不少餐廳店舖的櫥窗貼着 We're hiring 的告示。隨着脫歐流失大量歐洲的勞動人口，市面出現了這種「有工無人返」的奇異狀況。

我在社交平台上，看到了一間以「零廢生活」為經營模式的小店聘請店員，便把履歷表發送了出去。

數個星期之後，我收到了店主的回覆，邀約我到店裏面試及試工。那是一間位於東倫敦的小店，結合零售及咖啡店的複合式空間，前舖是售賣各式各樣的裸裝產品、環保產品、蔬果、麵包糕點，後面的花園則是悠閒的咖啡店。

面對全然陌生的環境，英文不算太好，連專業咖啡機都不會使用的我，在戰戰兢兢的情況下順利完成了大約三小時的試工。倫敦是英國外來人口最多的城市，這間小店的老闆與員工也是來自不同的國家，由一名法國人和一名巴西人創辦，有一個波蘭的全職員工。

我早決定不會尋找華人當老闆的公司或店舖。曾經聽過一名多年協助華工爭取權益的組織者分享，華人老闆在英國剝削勞工、走私漏稅、聘用黑工等情況比比皆是。而且，難得在外地生活，我也不想工作的圈子局限在華人或香港人社群之間。

↑ 抵達英國後，我在一間以「零廢生活」為經營模式的小店裏當兼職店員。

最後，我求職成功，開始在這間小店當一名兼職店員，其餘時間繼續採訪，慢慢確立了在倫敦生活的日常節奏。

在地的社區小店，不一樣的打工經歷

這是一家地區性的小店，消費的客人大多是附近的居民。店員的工作，其實跟打雜無異，所有的門面工作，幾乎都是職責範圍。大學時期，我曾到咖啡店打工，那時主要負責侍應職務，也有多人分工，故過往的經驗幫助有限。在這裏，我要顧及店面的工作，例如收銀、補貨、維持店內清潔；也要同時兼任侍應、咖啡師，製作簡單食物（如三文治）、洗杯洗碗等工作。忙碌的時候，可說是毫不輕鬆。

店裏有很多熟客，每個星期都會遇見。法國店主給我的其中一個要求是，記住熟客的名字，也嘗試記住他們的咖啡喜好。這不是一個簡單的任務，然而日子久

因為工作的關係，我學習沖煮咖啡，嘗試拉花。

了，自自然然就會記得。我是店內唯一的亞洲人臉孔，有些熟客慢慢也認得我。比較空閒的時候，我會跟客人聊天，他們會問我從哪裏來，問我有關香港的事情，更多的是普通的閒話家常。坐在咖啡店的人大多認識，左鄰右里互相問候，透過工作旁觀在地社區的面貌，我慢慢喜歡上這個社區，多元而有趣。

喜愛咖啡的我，來到這裏之後，才真正學習如何沖煮一杯咖啡。老闆不介意我沒有經驗，叫我邊做邊學，還送我去倫敦知名咖啡店 Monmouth Coffee 上了半天的訓練。沖煮一杯咖啡，從壓粉、萃取、將牛奶加熱打奶泡、嘗試拉花，再了解不同類型咖啡之間的差異。透過日復日的練習，雖然我的拉花圖案仍然很醜，但也加深了我對咖啡的認識。

↑ 顧客會自攜容器，購買不同物品。

從源頭開始，實踐零廢生活

這間小店的核心及靈魂，是提倡和實踐零廢生活。

隨着氣候危機的問題迫在眉捷，愈來愈多人談論環保、走塑、減廢、可持續生活等等的概念。零廢生活也逐漸成為流行的生活方式之一，透過在日常生活中減少垃圾、減少不必要消費、拒絕過度包裝商品，甚至棄絕塑膠用品、減少碳足跡……對於環境有更為友善的實踐。

近年，香港開始出現「裸買」小店的蹤跡，即是提供無包裝商品的店鋪。客人購物時，需要自備容器，減少包裝，從源頭減廢。在倫敦，不少地區都能找到推行裸買的店舖，在我工作的小店，提供裸買的貨品幾乎是一應俱全，從個人清潔用品到柴米油鹽、零食、乾果堅果類產品，都有出售。來到店舖的客人基本上都很熟悉整個購物流程，很多人會把家裏用完的空瓶拿到店，秤好重量之後，就把需要的物品倒入空瓶，以重量來計算價錢。

除了鼓勵客人自備容器，小店也鼓勵客人捐贈乾淨的玻璃容器，

↑ 我一直希望能有意識地過對環境較友善的生活，如外出時自備餐盒。

放在店裏待有需要的客人取用。本來有機會成為垃圾的蜜糖樽、醬料瓶，因而被賦予第二生命，繼續被循環使用。

在這裏工作，令我意識有很多東西被送到垃圾桶、回收桶之前，其實有更多的用途。我開始將用完的花生醬空樽，拿到店裏購買調味料、豆類等的日常用品。我進一步反思生活中購買及消費的習慣，如何能夠減少浪費，減少製造垃圾？喜歡購買全新的物品本是人之常情，然而來到英國之後，其中一個最大的感受是，有很多物品不需要購買全新的。如我從網上的二手買賣社群買了風筒、洗衣籃、電飯煲、座檯燈等用品。除了省錢之外，使用別人用過但仍然完好的物品，也是善用資源。

我在小店工作半年之後就離開了，但這是一個無比

珍貴的體驗，收穫了滿滿快樂的回憶。在艱難的世道，也許無力感很重，大環境裏能夠預計的事情愈來愈少，若能從個人的層面上多做一些改變，或能打破絕望。就如我，其中一件能做的事，就是有意識地選擇對環境較為友善的生活，減少製造一件垃圾，都足以讓人快樂一點。

離開全職工作，自由工作者的思考

當我抵達英國後，我開始以斜槓族（Slash）的模式生活，一邊在地區小店兼職，一邊接案子。在這段摸索工作模式的日子，沒有了固定的工作時間，也沒有了單一的職銜，我開始思考工作對我的意義。也在想，這種自己接案的生活，會不會是我在將來的日子，希望繼續的發展，還是只是工作假期時的生活模式？一份全職工作是否仍然適合我？若以自由工作者的方式生活，是否可以養活自己？

斜槓族的職涯模式在近年成為一種新趨勢。「斜槓族」一詞的出現，最早可追溯《紐約時報》專欄作家艾波赫（Marci Alboher）在其著作 *One Person/Multiple Careers: A New Model for Work/Life Success* 提出的概念，指出年輕人不滿足於單一職業的工作模式，希望在多重職業和身分以建構自己的多元性和身分認同，發掘更多可能性。

從全職工作至自由工作，一個新的開始

最初我辭去全職工作，是希望掌握自己的時間，有機會參與更多有趣的計劃。坦白說，相比起很多工種，傳媒這一行業，已經有趣得多。因為這份工作，我認識很多來自不同領域的人、聽到很多有趣的故事、掌握更多社會的觸覺，甚至那些看似無趣而日復日的例行記者會、扑咪街訪、即時新聞炒稿、找人回應事件……都是一個很好的訓練。

大概是天生擁有不安於份的因子吧。我第一份全職的傳媒工作是在雜誌社上班，主要負責深度報導、專題採訪、影像報導等等。上司對於採訪內容給予很大的自由度和空間，工作時間起碼有一半在外面跑。兩年之後，我對於沒有做過新聞採訪，自覺有所欠缺，幸運地得到了港聞記者的工作機會。一做又是三年，我見識了很多，學習了很多，但覺得待得差不多，也對全職工作的狀態感到疲累。在往英國工作假期的時候，我開始探索成為自由工作者的可能性。

從全職工作轉變為自由工作，最實際的擔憂來自於收入的不穩定。自由工作者沒有穩定的薪金，收入來自接案子，可以自行選擇案子，同時有機會面臨「手停口停」的局面。

這段時間，除了原有的採訪寫稿工作、環保小店的兼職之外，我也接過文案寫作、編輯類型等工作。至於這本書的寫作計劃，也是在這段接案子維生的日子裏，其中一個開展的項目。在案子數量還未穩定的時候，說沒有為經濟擔憂是假的，一個人在外生活，柴米油鹽都是錢，加上倫敦的物價較高，曾經有段日子都會想「下個月夠不夠錢交房租？」

幸運的是，我在這些摸索的日子裏，慢慢建立相對穩定的合作網絡，足以應付日常的生活開支。

建立自律的生活，過得更為自由

開始接案子後，幾乎所有工作的時間都由自己掌控，這同時也意味着，一不小心就會沒日沒夜地工作。我曾經因為工作量太多，模糊了休息與工作的界線，最終身心耗盡。所以，我在這段時日建立了一套規律的作息流程，讓我能在工作及生活之間取得平衡，也刻意地為自己編排一整天的休息日。

日本著名時裝設計師山本耀司曾經說過，「我從來不相信什麼懶洋洋的自由，我嚮往的自由是通過勤奮和努力實現的更廣闊的人生，那樣的自由才是珍貴的、有價值的；我相信一萬小時定律，我從來不相信天上掉餡餅的靈感和坐等的成就。做一個自由又自律的人，靠勢必實現的決心認真地活着。」

如果我想要更多的自由，勢必要建立一個更自律的日常。於是，我開始了早睡早起的生活模式。來到英國之後，我愈來愈發覺自己是一個晨型人，晚上十二點前睡覺，早上八點左右起床，偶爾遇上偷懶想要賴床的日子，但整體上都是這樣作息。早上起來，做一些伸展運動，然後煮早餐、泡咖啡，進行三十分鐘的閱讀，接下來規劃一天的行程與工作，正式開始工作。

我喜歡早上起床之後，讓自己好好獨處的清晨時光，這甚至改變了我的閱讀習慣與偏好。以前我鍾愛文史哲類的讀物，暢銷書、工具書對我幾乎沒有什麼吸引力。但這兩年間，我看了不少跟習慣塑造有關的書籍，希望參考別人的模式，看看有沒有可以借鏡的地方，其中有兩本書為我帶來了一些影響。

第一本是從出版至今依然在暢銷榜上的《原子習慣》（*Atomic Habits: An Easy & Proven Way to Build Good Habits and Break Bad Ones*），作者詹姆斯．克利爾（James Clear）談論習慣形成的方式及迴路，要養成一個好習慣、要戒掉一個壞習慣，不是不可能，而是可以實踐的。

另一本我很喜歡的是《起床後的黃金1小時》（*My*

Morning Routine: How Successful People Start Every Day Inspired），作者班傑明・史飽（Benjamin Spall）和麥可・桑德（Michael Xander）採訪了不同人的晨間習慣，而這些人的晨型人生及生活面貌，拼湊出一幅圖像，如何好好利用一天的開始，為接下來的時間好好規劃。有人會在早上起來進行晨間冥想、有人先做運動，也有人會閱讀，或者排出當日的待辦清單。我開始慢慢着迷於建立習慣，希望能透過練習而過上更規律的生活。

如果工作佔了人生一個很重要的部分，這段在海外工作假期的日子，讓我重新思考及想像工作的不同可能性。縱貫人類發展的歷史，工作形態、產業趨勢一直處於轉變的過程，昨日仍然被堅信的工作模式，明日又換成了另一個模樣，沒有什麼是一成不變的。大概也是因為疫情之年，大家對工作的想像慢慢擴闊，在家工作、遙距工作逐漸變成常態。

所謂工作的意義，對每個人來說都不一樣，有人需要全職工作帶來的安全與穩定感，我卻是愈來愈明白自己喜歡探索新事物的心態。無論是人生抑或事業，即或這意味着不夠穩定，但我知道我正在行走的路，沒有讓我感到後悔。

尋找合適生活的節奏，獨居女子的日常

三十歲這年，我又有機會獨自生活。

初抵倫敦，在還沒有穩定收入、沒有當地工作證明、沒有銀行戶口的時候，若透過房屋仲介租屋，過程會比較麻煩，大部分情況下甚至需預付半年至一年的租金。託賴社交平台上的發達，網絡群組裏有不少人出租單位，我就在那裏找到第一個落腳的地方。

那是在東倫敦的一幢獨立屋，除了來自越南的屋主一家，還有兩個同樣來自香港的室友。我們各有自己的房間，廚房與廁所則是共用的，有些公共的空間需要輪流清潔及打掃。

住了半年，我意識自己不再是十八、廿二歲的階段，極度需要個人空間。於是，我在小店找到工作，有了入息證明之後，開始在租屋網站，尋找一些公寓單位。

聽過不少人在英國找房仲租房的負面經驗，我想我是幸運的，最終找到一間在北倫敦的Studio。屋內設備齊全，地理位置方便，租金也是預算之內。而且，與我聯絡的仲介小姐很有耐性與責任心，整個找房子的過程尚算順利。

獨立自主的開始，我再次一個人住

拿到鎖匙之後，我很快搬進新屋，在往後的一年半，再次一個人生活。台北旅居之後，我回到香港繼續與家人共住，心裏卻渴望要擁有自己的生活空間。

有一段時間，我很喜歡閱讀其他人的一人生活經

驗，如插畫家高木直子的《一個人住第5年》、《一個人住第9年》、《一個人的每一天》等作品，都讓我幻想獨住的可能。

如果要說，為什麼一直嚮往一個人的生活，我想最吸引之處是，體現一種獨立自主的狀態。當所有的日常事務自行處理，因而得到相應的自由，能按照自己的想法過日子，簡單如家裏如何佈置、購買哪個牌子的用品、安排每日的作息時間、隨時招待朋友到家裏作客……

搬到新居之後，擺在我眼前的首要任務，就是添置各種必要的生活用品及傢具。由於不是長期定居，為了省錢，我開始在網上發掘有用的二手物品。社交媒體上有多個運作成熟的二手買賣群組，不少留學生在離開英國之前，都會出售不需要或帶不走的物品。

我第一件買回來的二手物品，是一個只需兩磅（約港幣二十元）的電飯煲，後來我也買過二手的晾衫架、落地燈、摺檯、洗衣籃、風筒，也免費拿到一盞書檯燈。除了在網上尋寶之外，我也在朋友離開英國時接收一些物品，如單車、食飯檯、投影機、收納用品、衣架、小盆栽……除了帶着滿滿的感激之情，我為着能善用資源而開心。

過去與家人同住時，我就如飯來張口的港孩。在英國，外出吃飯太貴，我開始認真學習煮食。短短半年內，我煮飯的次數已經超過了多年的總和，每次都有一點一點的進步，能夠好好照顧自己的起居飲食，甚至在生病的時候簡單煮上一碗粥。

建立一種合適的生活節奏

← 剛到倫敦，我第一個落腳的地方，是與屋主一家及其他室友共住。

← 半年之後，我搬到了北倫敦的 Studio，再次一個人生活。

有別於外向者透過社交活動為自己「充電」，作為內向者，我只有獨處的時候，才是能夠真正休息。在這小小的蝸居裏，我工作、寫作、閱讀、煲劇、看電影、看漫畫、聽歌、煮飯、吃飯、做瑜珈、做伸展運動、做家務、喝酒、泡茶、沖咖啡、招待朋友……這樣就足以為我帶來滿滿的力量了。

我身處的小社區幾乎一應俱全，生活上各種所需都能在附近找到。我漸漸建立了一種生活節奏，偶爾會去咖啡店吃早餐、在超級市場或雜貨店買食材及生活用品，閒時也會在公園散步、去戲院看電影、上瑜珈課。

作為首都城市，倫敦有點大，我跟朋友也會戲稱到市中心聚會是「出城」。我偶爾在市中心參加聚會、跟朋友見面、吃飯喝酒喝咖啡……這些在異地生活的每一個片刻，日復日地構成了生命中一段平實而深刻的記憶。我想，所謂過日子，不過是這樣而已，卻彌足珍貴。

與旅行不同，這種旅居的方式，讓我有稍長的時間認識一個國家及城市的輪廓，在當地建立生活圈子，慢慢摸索不同的新事物，認識另一種文化。這樣的生活形態，在這個世代已經非常普遍了。無論是留學、實習、工作、旅行等，很多人都擁有在另一個地方生活的體驗。

我喜歡旅行，也喜歡這種旅居的狀態。

台灣是我初次旅居的地方，但逗留的日子只有半年，像是剛剛適應不久之後，就差不多該回家，而當年只有二十多歲的我，一直向外邊跑，希望見證各種事情，倒沒有太着重生活。這次旅居的時間較長，容許我慢慢探尋自己喜歡的生活模式，而且已經三十歲了，除了心態上與二十多歲時不同，確實多了一些責任，對生活也多了一重的思考。

年輕的時候，我只道盡情見識這個世界，現在明白生活更多是平凡瑣碎的日子，往外跑之餘，也要照顧自己，能把日子過好，已經是很了不起的事。

在二十一世紀英國，女性的人身安全並非理所當然

來到倫敦之前，我沒有意識到，女子深夜獨自歸家是一件危險的事情。也許是對於英國治安缺乏認知，沒有心理準備，直至看到英國媒體的頭版都在談論一宗女子深夜歸家被殺的案件。

二〇二一年三月三日黃昏，居於在倫敦布里克斯頓（Brixton）的白人女子艾弗拉德（Sarah Everard）在倫敦南部探訪友人之後，獨自歸家的路途中失蹤，遺體最後在一個樹林被發現。經警方調查之後，發現兇手為一名四十八歲的在職警員卡曾斯（Wayne Couzens）。

這宗案件震驚英國社會，亦令女性人身安全的議題再次受到關注。網絡及媒體上熱烈討論，女性獨自夜行回家時面對的危險。有人提到，「女生晚上不要獨自走在路上」、「晚上走路時不要戴耳機」、「要把鎖匙緊握在手上，尖的一邊對外」、「在地鐵曾遭遇性騷擾」……呈現出女性在日常所面對的安全處境。

從案件開始，關注女性的人身安全

「#SheWasJustWalkingHome」（她只是走在回家的路上）這個 Hashtag，是英國那個星期最熱門的標籤和熱論的議題。

為了悼念艾弗拉德，有組織者在她生前最後現身的公園 Clapham Common 舉辦悼念守夜活動，惟因英國仍處於封城狀態，警方以防疫限聚為由，拒絕活動申

請，主辦單位亦宣佈取消活動。活動雖然取消，大批市民仍然前往公園悼念，獻上鮮花和蠟燭，凱特王妃（Catherine, Princess of Wales）亦一度現身。

和平的集會，最終被警方以違反防疫限制為由驅散，過程中爆發警民衝突，有女性被警方強行壓在地上鎖上手銬，引起社會強烈關注。英國人不滿殺害艾弗拉德的是一名警員，鎮壓守夜活動的，也是警察。

倫敦警方處理守夜活動的手法飽受批評。事後時任首相約翰遜（Boris Johnson）對事件表示「深切關注」、內政大臣彭黛玲（Priti Patel）指警方做法未能令人釋疑，呼籲交由監警機構展開緊急獨立調查、倫敦市長簡世德（Sadiq Khan）亦在 Twitter 指出現場情況令人無法接受，既不適當，也不適宜。

同一時間，因悼念艾弗拉德而引申出的警暴問題備受關注，適逢當時國會正在審議一項備受爭議的法案，與警權過大、限制示威有關，故艾弗拉德的死亡，亦牽動了更多人關注及留意這一項法案。

這條名為《警察、罪案、判罪與法庭法案》（Police, Crime, Sentencing and Courts Bill），批評聲音普遍認為法案賦予內政大臣及警方有更大的權力，限制國內示威的進行，是侵害英國人民的集會示威自由。

法案最受爭議的部分，是關於抗議示威內容的修改。根據法案，警方日後將有更大權力為遊行示威加設更多限制，例如限制示威的噪音音量、設定開始及結束時間，限制亦同時加諸在一人示威身上。若破壞公共雕像或紀念碑可面臨十年監禁，批評聲音則指出，這比起強姦罪行監禁刑期以五年為量刑起點更為嚴厲。

隨着艾弗拉德案件的升溫，市民對於法案的批評有

← 在疫情封城期間，由於艾弗拉德案件的升溫，連續三日都有過千名民眾在國會外示威。

增無減，導致疫情封城期間，連續三日都有過千名民眾出來示威，向法案說不。這對於在疫情封城下、街上沒有什麼行人的英國來說，可說是格外罕見的情況。

從悼念被殺的女性，延展至反對法案的集會

我關注這一宗案件，已是悼念守夜活動爆發警民衝突之後的事，其時示威行動仍然持續。我在其中一天的黃昏，來到國會外的廣場，有上千名民眾聚集。

各人都舉着不同抗議字句，從女性人身安全議題、抗議警暴、抗議法案限制集會自由等等，集會期間亦叫喊着「Sister united, will never be defeated」、「Kill the bill」、「Justice for Sarah」等。在場有多名警察在巡視。

這是我在英國第一場觀察的示威，除了想了解在地的議題，也想聆聽更多的聲音，到底前來的人是如何看待眼前的議題。於是，我在廣場上跟幾個示威者傾談。

示威者 Max 主要是因為不滿法案而前來抗議的。他手上持有印上「Once protest is illegal, what will they do next?」的標語，他認為正在審議的法案是意圖奪走人民示威的權利，並直言「前來抗議是為了停止這項法案通過」。在疫情期間，政府以防疫為由禁止民眾聚集，Max 認為疫苗接種的計劃已經展開，各人在示威期間亦有戴上口罩，「有癥狀的人不會出來，為何不能讓我們實踐抗議的權利。」

另一名前來示威的少女 Lucy Forrow 同樣是不滿法案，她帶上印有「Our power will not be repressed」的紙牌。她說，「我曾經多次電郵國會議員，但全無回

覆，令我覺得前來抗議是唯一能讓聲音被聽見的方法」，而艾弗拉德的死亡也是其中一個讓她出來的原因。對於警方以武力驅散悼念人士，Lucy直言震驚，「你知道他們（警察）是暴力的，他們經常暴力對待有色人種女性，現在亦暴力對待白人女性，令事件得到更加多人關注。」

女性的安全，並非理所當然

艾弗拉德的白人女性的身分，讓是次案件得到更多的關注。不少女性在案件發生之後，在網絡及媒體上分享晚上獨自回家時所面對的不安、恐懼及無奈。

英國女權組織Sisters Uncut回應約翰遜的聲明中

↓ 國會審議一項備受爭議的《警察、罪案、判罪與法庭法案》，批評聲音指出會限制英國的示威集會自由。有反對者在示威時，拉起印有「#Kill the Bill」的橫額。

指出，據統計顯示，二〇一八年英國有一百七十三人死於家暴，為當時五年來的新高，即每週有三個人被伴侶、前伴侶，或者家庭成員暴力對待至死。但是，有關性暴力被起訴的案件，只有一．四％。而據英國國家統計署（Office for National Statistics）的數據，在英格蘭及威爾斯地區，接近十六．六％十六歲或以上的成人曾經被性騷擾，當中有一百九十萬名是性侵受害者。這些數據正反映女性所面對的危險——不限於晚上獨立回家，也包括在生活上各層面；不一定與生命危險有關，卻仍面對各種威脅與侵害。

其時綠黨成員瓊斯（Jenny Jones）曾就艾弗拉德事件在上議院提議，應該從下午六點開始對男性實行宵禁，令夜歸女性感到安全。此番極端言論一度引起極大爭議，後來瓊斯改口稱

↓ 少女 Lucy Forrow 因着不滿法案，也對警方以武力驅散悼念艾弗拉德的人士感到震驚，於是前來示威。

在二十一世紀英國，女性的人身安全並非理所當然

有關建議只是希望引發討論。

事實上，英國的治安問題是不少人移民時所關心的情況。單計倫敦，不同地區都有治安良好與否之分，過去普遍印象是東倫敦及南倫敦的治安較差，西倫敦的治安則較好。然而，即使繁華如倫敦市中心，都會發生不少持刀傷人案，亦曾聽過朋友在街頭被搶手機的經歷，而我也曾試過在街頭受到言語上的騷擾及作勢恐嚇。

另外，根據全球資料庫調查網站 Numbeo 全球治安排名顯示，英國的犯罪指數和安全指數的排名，僅排在七十七名，比不上不少東、南歐的國家，更遑論與香港的第六名相比（台灣為全球第三，而東亞國家大多為前二十名）。這數據大概解釋了為什麼英國的整體治安，讓人比較擔憂的原因。

同年六月，兇手卡曾斯承認當晚濫用警察的身分，將正在歸家的艾弗拉綁架並性侵，最終將她殺害。卡曾斯被判處終身監禁，但對社會造成的震撼及惹來的公憤仍然持續。

大概是習慣了東亞地區那種治安的模式，我喜歡深夜獨自散步，而這宗案件敲響了我的警號。有了這重意識之後，我在英國生活時，儘量提早回家。若果因聚會需要深夜獨自歸家，或多或少真的感到壓力，開始有意識在回家的路上致電朋友，或是回家後報平安，減少發生意外的機會。

來到英國之後，在環顧整體的治安狀況，以至親身體會這種心理壓力，我才感到在二十一世紀的英國，女性在深夜獨自歸家時的人身安全，真的不是一件理所當然的事。

從全職記者到獨立記者，進入當地社會

三十歲那年，我離開全職記者的工作崗位，回到獨立記者的身分。

正式進入主流媒體之前，我在《獨立媒體》擔任過特約記者，也曾經以自由身的方式與不同媒體合作，直至畢業之後，正式走進主流媒體的世界。在傳媒機構任職的五年間，我做過專題記者，也做過港聞記者，在前線經歷了很多風雨飄搖的日子。

離開全職工作。成為一名獨立記者，意味沒有公司支援、沒有穩定收入，卻多了自由及彈性，探索自己感興趣的議題。

在我到達英國後不久，英國政府推出了「英國國民（海外）簽證」計劃（BNO Visa），提供途徑予持有BNO護照的港人到英國定居，預料將有大批香港人移居英國。我和香港的媒體合作，關注及報導在英港人的動向。曾經有一段日子，我每日留意英國與港人有關的最新消息，發掘當中有沒有什麼值得跟進的故事。

除此以外，我希望能更貼近當地社會，了解多些英國本土關注的議題，無論是選舉政治、英國王室重要人物去世、罷工浪潮等等……在了解及採訪的過程中，我慢慢地認識更多關於英國的面貌。

英國的地方選舉政治，不一樣的投票取態

就在我抵達不久，二〇二一年五月六日英國舉行地方選舉，由於多個層級的選舉在同一天舉行，包括英格

蘭地方議會、倫敦議會、十三個市長（包括倫敦市長）選舉、蘇格蘭議會、威爾斯議會等，故那天又被稱為是「超級星期四」。

以前曾經在其他國家、地區看過選舉，但都是走上民主進程不久的國度，而英國一直被稱為是全世界最老牌的民主國家之一，也被認為是典型的西方民主國家，故希望看看這裏的選舉情況。

當時最受關注的是倫敦市長，以及蘇格蘭議會的選舉。一直以來，倫敦市長選舉因首都城市的緣故而較為矚目，蘇格蘭議會選舉則因這次選舉是在英國脱歐之後舉行，主張「蘇格蘭獨立」的蘇格蘭民族黨（SNP）黨魁施雅晴（Nicola Sturgeon）一直主張英國脱歐是違背蘇格蘭留歐的意願，當民族黨取得大勝，將極有可能推動第二次的獨立公投。

↑ 英國於二〇二一年五月舉行地方選舉，包括英格蘭地方議會、倫敦議會、十三個市長（包括倫敦市長）選舉、蘇格蘭議會、威爾斯議會等的選舉均在同一日舉行。

在這場選舉前，我和朋友聊天，都會談到倫敦市長的選情。朋友說，倫敦幾乎是工黨的天下，大抵與這座城市的多元文化與人口有所關連。最終，在倫敦市長選舉中，現任市長、工黨的簡世德沒有懸念地成功連任，得票率為五十五・二%，而保守黨的貝利（Shaun Bailey）得票率為四十四・八%。

由於BNO持有人合符資格登記成為選民，故在倫敦市長選舉中，曾有一些候選人打過「香港牌」，包括貝利，以及獨立候選人Farah London，前者曾發公開信給香港人，又指當選後會斷絕與北京姊妹城市的關係；後者則拍攝廣東話短片上載至社交媒體，表示英國歡迎港人，也曾出席過倫敦的聲援港人集會。

↑ 這是其中一個票站。選舉氣氛沒有我想像中的濃厚。

出乎我的想像，在選舉當日，因為疫情的緣故、加上菲臘親王（Prince Philip, The Duke of Edinburgh）剛過身，幾乎毫無選舉氣氛可言，投票站門外只貼着簡單的Polling Station字樣，讓選民進內投票，加上可以郵寄選票，親身前往票站投票的人就更少。

大概是曾經在其他亞洲國家、地區觀選，甚至對比起香港的選舉，心中對於選舉有一種「熱鬧」的想像，因而有了意想不到的反差。這個老牌民主國家的選舉，恬靜而不張揚，像是融入了日常生活。

當日，我跟兩名已登記選民的香港人到票站，與他們進行訪問，二人不約而同表示兩地投票經驗有所不同。在香港，他們傾向以政治立場作為投票的標準，然而在這場市長選舉中，看得更多的是政綱，以及對於民生議題的着墨。

翻閱集合了二十名候選人的宣傳小冊子，主要圍繞治安、犯罪率、失業、房屋、環境等議題。倫敦治安不好，貝利其中一個主張是要額外增加八千名警察、重新開放已經關閉的三十八間警署，而簡世德的政綱也在強調疫情過後這座首都城市的復原、失業率、治安等議題。

由於保守黨貝利曾大打「香港牌」，某程度吸納了部分BNO港人的選票，然而也有價值觀較為進步的港人朋友私下曾跟我說，在她認識的人裏，較少有人公開地稱自己是支持保守黨的。在香港，不少人以政治立場為投票取態，但在英國尤其是地方選舉中，民生議題的政策卻佔了極重要的位置。

不是老牌民主國家，就等於大家熱衷投票。翻閱過往的投票數據，倫敦市長選舉過往的投票率都偏低，徘徊於三至四成之間，而這一次倫敦選舉的投票率亦只有四十二%。

反觀另一邊的蘇格蘭議會，由於是次選舉被視為能否推動第二次蘇格蘭獨立公投的關鍵選舉，故當地的投票率高達六十三．四%，是蘇格蘭議會歷來最高的投票率。雖然選舉前蘇格蘭民族黨的黨魁施雅晴牽涉與前黨魁薩孟德（Alex Salmond）有關的政治醜聞當中，但這次選舉當中，蘇格蘭民族黨繼續成為最大贏家。

過去蘇格蘭曾是一個獨立王國，直到一七〇七年通過《一七〇七年聯合法令》才與英格蘭王國合併組成單一王國。然而，英格蘭人與蘇格蘭人之間彼此都存在磨擦，直到二〇一四年在倫敦當局同意之下，舉行了第一次獨立公投，決定蘇格蘭是否要脫離英國獨立。公投結果以四十四・七%贊成，五十五・三%反對，蘇格蘭最終留在聯合王國。

然而，到了二〇一六年英國公投脫歐，高達六十二%的蘇格蘭選民認為要留歐，故要求進行第二次獨立公投的呼聲不斷增加。民族黨勝出了議會選舉之後，施雅晴於二〇二二年曾提議於翌年舉行公投，並向時任首相致函及提請最高法院就蘇格蘭獨立公投是否合法作出法律裁決。

結果，英國最高法院同年裁定，若果沒有得到英國國會的批准，蘇格蘭政府並不能舉行第二次獨立公投。看着這些議題的發展，令我更了解這個被視為民主典範的國家，在君主立憲制下的議會民主，本身也存有各種複雜的政治角力，無論是政黨之間，抑或是民族之間，都令我對於這個國家多了一層的認知。

菲臘親王及英女王的離世，一個時代的結束

我對殖民歲月的記憶非常模糊。我成長於九七之後的日子，對於英國王室沒有什麼感覺，也沒有太多的認識，最多只是因英國王室舉行婚禮而出現在國際新聞時偶有留意，但更多是無感。

英國王室有過千年歷史，為世上現存最古老的王室之一，過去一直受到民眾的支持。惟經過時間的流轉，在不同時期都起着不同的變化，現在年輕一代對王室的感覺已大不如前，有人甚至認為應該要廢除君主制度。根據民調機構 YouGov 在二〇二二年的一項民調顯示，

有六十二%受訪者支持保留王室，二十二%受訪者認為應民選國家元首，當中十八歲至二十四歲的年輕人對王室的支持度最低。

然而，來到英國之後，無論是媒體上對王室新聞的報導、特設的王室記者、社會上的關注度及討論度等等，讓我感到王室在當地社會的位置及分量。在我逗留英國的期間，英女王伊麗莎白二世（Elizabeth II）及其丈夫菲臘親王相繼離世，讓我更進一步體會英國王室與社會之間的微妙關係。

二〇二一年四月九日，英女王伊麗莎白二世的丈夫菲臘親王去世，享年九十九歲。消息傳出當日，不少英國民眾前往白金漢宮獻花悼念菲臘親王。

↓ 二〇二一年四月，菲臘親王去世，享年九十九歲。當時我與香港媒體合作，以直播的形式直擊溫莎堡現場的喪禮。

當時，我與香港媒體合作，以直播的形式直擊溫莎堡現場。那是週六的下午，與攝影師剛抵達溫莎堡時，場外已聚滿大批特地前來悼念的民眾，也有大批傳媒在現場守候。

按照菲臘親王意願，他的喪禮以私人形式在溫莎堡內的聖佐治教堂舉行。由於當時仍處於疫情期間，英國王室建議民眾若想悼念親王，可以簽署王室網站上的弔唁冊或向慈善團體作捐贈。雖然公眾無法直接參與喪禮，仍無阻他們前往悼念的決心。大批民眾湧到現場，有人帶上鮮花、有人披上國旗，橫跨多個年齡層，希望向親王作最後致敬。

從溫莎—伊頓火車站步出，沿途有大量警力佈防，確保喪禮順利進行。警力雖多，但民眾依然能夠靠近溫莎堡外，以最接近的距離悼念菲臘親王，盡顯王室的親民作風。

不少人都是從其他城市前來溫莎堡。有一個來自東南部城市樸茨茅斯（Portsmouth）的家庭，坐了一個多小時的車，三代人一起來到現場。坐着輪椅的祖母說，「他是一個很好的男人（wonderful man），他陪了英女王七十三年了。」

下午三時，喪禮開始，本來喧囂的廣場突然沉靜，大家閉上嘴，靜靜地為離去的親王默哀。沒有大肆宣揚的私人喪禮，沒有逼迫的悼念，讓人感受得到受人尊敬的力量。

而在菲臘親王去世之後一年，二〇二二年九月八日，伊麗莎白二世逝世。這位在位七十年、英國歷史上在位最長的君主離去，見證一個時代的落幕。那天中午，媒體傳出英女王病危的消息；黃昏時候，手機傳來了BBC新聞的通知，確認她離世的消息，享年九十六歲。

這一次，我不需為媒體報導英女王逝世相關的新聞，但我還是出發前往白金漢宮。那晚，下着陣陣大雨，當我走出地鐵站，看到大批民眾手持鮮花，人群在白金漢宮外聚集，不時有人合唱國歌《天佑女王》。

此後一個多星期，王室舉行一連串的哀悼、紀念活動，大批民眾在西敏寺外連夜排隊十多小時瞻仰女王的靈柩，國葬典禮也在全球直播。走在街上，連街道上的廣告燈廂都換上英女王的相片。

有一些香港朋友為了瞻仰女王的遺容，通宵達旦排了一整個晚上。雖然説英女王的離世是國際大事，但也是在那個時候，我才發現香港社會對於英女王的關注及情感如此高漲。

↑ 二〇二二年九月，伊麗莎白二世逝世。這位在位七十年、英國歷史上在位最長的君主離去，見證一個時代的落幕。倫敦多處有紀念的告示。

對於英女王，我只記得香港人習慣稱她「事頭婆」，小時候的硬幣背後鑄有她的頭像，但對於九七前的香港，我沒有什麼記憶，也談不上有什麼情感。倒是後來看Netflix的劇集《王冠》（*The Crown*），才有多一點的理解。

在她離世以後，我閱讀了她的生平事跡，雖說感受未算很深，但對於這個帶領英國走過七十年，經歷了世界大戰、冷戰的女王離世，只道是一個時代的終結。而查爾斯王子終於要成為國王查爾斯三世了（Charles III）。

「不滿之夏」，延展整個夏天的罷工浪潮

二〇二二年的夏天，全英國鐵路網絡運載班次大減、倫敦多個地鐵站關閉、英國郵政服務遭到延誤、愛丁堡的街道上堆滿垃圾……這個被稱為「不滿之夏」（Summer of Discontent）的罷工浪潮，從鐵路工人、碼頭工人、郵政工人、清潔工、倫敦巴士司機，至刑事律師，不同行業都響應罷工的呼籲，展開了一系列的工業行動。

一直知道英國擁有深厚的工運傳統，上世紀七十年代是英國工會運動的高峰期，曾經直接或間接地促使政府的下台，直至八十年代戴卓爾夫人（Margaret Thatcher）上台，英國推行一系列新自由主義的政策，包括將公共產業私有化、削減公共開支、大幅減稅、放寬金融監管，也在任內打壓工會的勢力，自此工會力量被逐步削弱。

這場掀起英國社會神經的罷工浪潮，其中一個原因是生活成本及物價急速上升，而工資無法跟上物價飆升的速度。當時英國的通漲按年上升十・一%，是近

四十年來的高位。那個動盪的夏天，英國在兩個月內換了三名首相，在位僅四十五天就下台的首相卓慧思（Liz Truss），曾提出多項減稅措施，引起市場動盪、英鎊大幅貶值，以致民怨不斷累積。不久之後，卓慧思宣佈下台，由辛偉誠（Rishi Sunak）接任首相一職。

為「不滿之夏」拉起序幕的，是由英國鐵路、海事和運輸工會（RMT）於同年六月發動的罷工，這場工業行動有逾四萬名鐵路工人參加，罷工期間有八成列車班次需要取消。這次罷工形成一股浪潮，多個行業的人參與其中，我很想了解這場罷工，以及參與其中的工人的想法。

我找到了RMT工會代表之一Daniel Randall，他在倫敦地鐵工作了接近九年，擔任客戶服務助理一職，自入職之後就一直參與工會。Daniel說，外界常常會有一個印象，認為倫敦地鐵的工人常常罷工，「雖然我希望是真的」，然而這並不符合事實。其實，這年參與罷工的次數，已比他過去工作這麼多年還要多。

在新冠疫情期間，倫敦地鐵的載客量大減，財務狀況錄得虧損，需要仰賴政府的撥款資助。裁員、修訂退休金、凍薪等等措施是政府及鐵路公司祭出的手段，這是地鐵工人醞釀罷工的開端。Daniel質疑：「為什麼每次受影響的都是勞動階層的員工，而管理層及僱主卻仍然在坐享那些盈利及好處？這是不公平的。」

除了鐵路工人之外，我也找到了一名當地的郵差，聆聽關於他的想法。

來自威爾斯西南部的城鎮阿伯德爾（Aberdare）的郵差Jason Richards，在加入皇家郵政（Royal Mail）不久之後，就加入工會，後來擔任了該處的工會代表大約九年，「當時的工會代表問我要不要參加工會，我就加入了。」

相比起倫敦地鐵工人罷工，郵政工人的罷工較為罕見，Jason說：「對上一次應該是十三年前了，過去數年雖然也有一些勞資爭議，但未至罷工階段已經解決。惟這次發起罷工，我還看不到問題什麼時候能夠解決。」

「你看，皇家郵政在二〇二一年盈利七．五八億英鎊，而目前生活成本上漲的危機仍然持續、通脹失控，有錢的人繼續有錢，基層則要接受及面對加諸在身上的難關，這是不公平的。」Jason指，是次罷工得到社會的高度支持，「在糾察線上，我們得到了很多公眾支持，如果沒有大眾的支持，我們不能處理這樣的爭議，但大家都知道目前正在發生什麼事情。」

這場大規模的罷工，是當地媒體報導的重點，反而華文媒體對此並無太多深入詳細的報導。我在想了解工運可以為社會促成多少改變的心態下，開始了這場罷工的採訪。過去香港發生經濟罷工的事件不多，也難以形成如此具有規模的行動力。來到英國初期，不時聽到有人說「英國人常罷工」，而在這兩年間，我確實不時遇上地鐵罷工的情況，偶爾聽到朋友覺得不方便，但久而久之也慢慢習慣了。

這場各行各業的大罷工，在執筆之時仍未有結束的跡象。二〇二三年二月，英國多個行業協調了一場大罷工，工會宣稱多達五十萬人參與，被媒體形容為近十年來最大規模的罷工。

罷工作為現代社會的基本勞動權利，在媒體上卻鮮少有深入的討論，而我從這次的採訪中，更明白英國人透過罷工爭取權益，到底是怎樣的一回事。

繼續為時代留下紀錄

在異地生活，有一種了解當地的義務。大概也是這樣的緣故，促使我在英國逗留的期間，觀察這個地方的面貌，聆聽在地的聲音。雖然我無法密切關注每件大小事情，但每每看到全民關注的事情時，好奇心就促使我進一步了解，進行採訪跟報導。

透過採訪，我以記者的身分，能夠近距離地觀察、了解、探討一個在地的議題，也因着這一系列的接觸，能更理解當地社會的肌理與脈搏，較為立體地認識這個國家，才有生活在其中的感覺。

離開全職工作後，我再一次成為獨立記者，縱然多了幾年在媒體打滾的經驗，但最大的感覺是，這個世界真的很大，仍然有很多有意義、有趣的題目值得探索，為時代留下一點紀錄。如果這是一個終將以獨立記者成為趨勢的時代，那我也願意繼續在這個崗位上努力。

在香港，做記者已是一條愈走愈崎嶇的道路。那麼，為什麼仍然很想做記者？我想起有段時間，讀到國際媒體有關「潘朵拉文件」（Pandora Papers）的系列調查，才發現自己對於那個世界的着迷。那是一個揭露真相、為無聲者發聲、記錄歷史的初稿、背負第四權作出監察的世界。

縱使現實世界的路是愈來愈艱難，但我仍然希望做一個說故事的人。

從北韓走到英國，為了兒子參政的脫北者

每次看新聞的時候，讀到一些有趣、特別的人，我都會在筆記簿上記下他們的名字，看看日後會否有機會探訪、認識。在英國舉行地方選舉的時候，我在多間媒體上讀到一名備受關注的候選人。

朴智賢（音譯，Jihyun Park）是一名脫北者，居住於大曼徹斯特的貝里（Bury），代表英國保守黨出選貝里區，角逐區議員一職。雖然最終落敗，卻成為首個參與英國政治選舉的脫北者。

數個月後，我趁着一次到訪曼徹斯特的機會，相約朴智賢做訪問。我們約在曼徹斯特市中心的一間咖啡店，她與年輕的女兒一起出來，在參選人與人權行動者以外，朴智賢還是三個孩子的母親。

她跟我分享前半生苦難的經歷。當她輾轉來到英國之後，積極地向外界訴說自己作為脫北者的故事，一步一步走進公共的領域，成為了人權行動者，加入了英國保守黨，甚至代表保守黨出選。我好奇，她是如何走到這一步？

「有一天，我的兒子走過來問我，『媽媽，你為什麼在我小時候拋棄我？』從那時候開始，我決定將我的故事說出來，把在北韓目睹的見聞，以及日後我在中國的經歷，告訴自由世界的人們，關於這些國家的面貌。」朴智賢告訴我，這是她選擇站出來的初衷。

因着孩子向她提出的一個問題，致使她決心訴說脫北者的經歷，宣揚自由的價值，並逐步走向公共領域，除了協助其他在英國的北韓人融入社會，也致力參與人

權活動及工作，「英國教懂我什麼是自由的滋味。」

離開封閉的國度，走進另一個絕望的境地

朴智賢在一九六八年的北韓清津市出生，其時北韓的最高領導人為金日成。她在封閉的國度長大，坦言對於北韓以外的世界一無所知。一九九〇年代，二十多歲的朴智賢成為中學老師，而那時北韓發生了大飢荒。這段被官方稱為「苦難的行軍」的日子，沒有人知道確實死亡人數，在朴智賢的認知中，「有接近三百萬人因飢荒而死亡。」

「在一九九〇年代早期，政府慢慢地暫停我們的公家食物配給，告訴我們這是美國的問題。事實上，這不是美國的問題，共產政權國家倒台，北韓在農業生產方面依賴蘇聯，而中國亦沒有給予北韓援助。」在蘇聯解體之後，中國曾一度成為北韓最大援助國，向北韓出口大量燃料及食物，惟為了避免國內的通貨膨脹，無法繼續支援北韓，北韓糧食儲備持續下降。

↑ 朴智賢代表英國保守黨出選大曼徹斯特的貝里區，角逐區議員一職，是首個參與英國政治選舉的脫北者。

回想起逃離北韓前的日子，朴智賢直言，「那是一段非常恐佈的時期，每一日都看到有人死在街上、市場、車站，甚至有家庭成員因飢荒而死去。」她看到父親病重、叔父餓死，班上的學生亦有因飢荒

離世。為了生存，朴智賢的父親安排她和弟弟逃離北韓，「那是一九九八年」。

跨過連接中、朝邊界的圖們江，朴智賢和弟弟來到中國吉林省，「我記得那是一九九八年二月，當時仍然是冬天，河面都結冰，我們很快越過那條邊界，但非常危險，有可能因此而喪命。」縱然知道逃離北韓的危險性，但朴智賢心裏明白，「如果繼續留在北韓，我們可能會因為飢荒而死；如果我們成功越過邊界，便能夠在中國生存下來。」

以為逃到中國可以生存，沒有料到在中國一邊等待她的，是另一段不容易的經歷。「清晨時分，我和弟弟抵達中國，遇上了一個男人」，朴智賢憶述。那個男人給他們白飯和雞蛋，「我很驚訝，白飯在北韓是非常特別的食物。」她沒有料到，這個提供他們食物的男人，其實上是人口販賣者。「後來他要我嫁給一個中國農民，還說如果我不嫁，就會聯絡警察，把我送回北韓，我很害怕。」

「我告訴自己，這是一場正常的婚姻（normal marriage），但事實上完全不同。」朴智賢說。當她到達農村的時候，農民跟她說，「我只要你，不要你的弟弟。」「我很詫異，人口販賣者告訴我，這個農民會救我和我的弟弟」，那是朴智賢最後一次見她那年輕的弟弟。

她被迫下嫁農民之後，與他們一家一起生活了六年，過着非人的生活。「那是一個很窮的家庭，屋裏很臭。他和他的母親沒受過什麼教育，甚至不能寫自己的名字。」而「丈夫」更喜愛賭博、酗酒成性。

作為人口販賣的受害者，朴智賢被禁止走出家門，「為了防止像我們這樣的北韓人逃離村子，村裏所有人都監視我們。我記得那條村還有五個北韓女人，全部都是人口販賣的受害者，但家庭成員不容許我們之間有任何對話。」

那六年，朴智賢很討厭自己的人生。「與弟弟失散之後，我曾經嘗試自殺，覺得自己很羞恥」，直到有一日，她發現自己懷孕，「自從有了這個孩子之後，我開始改變自己的想法，因為他給予我希望。」由於脫北者這個「非法移民」的身分，朴智賢生下的中朝「混血孩子」不會獲得官方認可，也不能前往醫院生產，「我在屋裏生下我的兒子，獨自承受了十個小時的痛楚，但那仍然是很開心的時刻。因為我有了自己的孩子。」

只是像她這樣沒有身分的脫北者，也是中國官方眼中的非法移民，一旦被人發現，便會遭遣返。「六年之後，我的惡夢成真。有中國人向公安舉報，那是二〇〇四年，中國公安拘捕我，我求他們讓我跟兒子說幾句話。兒子年紀太小，不知道公安抓他的母親是什麼一回事，我想告訴他，我會回來的，但這樣的請求遭拒絕，我無法跟兒子說上任何一句話。」

勞改營以後，第二次逃離北韓

二〇〇四年，朴智賢被遣返之後，如同其他逃脫失敗的脫北者命運一樣，被送進勞改營。「在勞改營，他們不把我們當成人類看待，像動物一樣，每日都被強迫勞動、面對酷刑與羞辱，但我不在乎，我心裏唯一想的就是跟兒子團聚。」與兒子團聚，成為了朴智賢在惡劣環境生存下去的動力。

日復日在惡劣環境下生存和強迫勞動，朴智賢的腿部出現了嚴重的壞疽，無法工作，「幾乎接近死亡，但這也是最終我被釋放的原因。」被「扔出」勞改營後，她把握這次機會，再次逃出北韓，「我知道我的兒子在中國等着我，我要回去找他。」

拖着仍有頑疾的雙腿，她再次翻山越嶺來到中國，「這次路線不一樣，但比較安全。」找回兒子之後，朴智賢打算聯同其他脫北者一起逃到蒙古，惟抵達蒙古之後，邊境一帶人跡罕至，在缺乏水和糧食的情況之下，她無奈折返中國。

在逃往蒙古的計劃中，朴智賢遇到了現在的丈夫，他也是一名脫北者。朴智賢與丈夫、兒子後來到了北京，過了兩年躲躲藏藏的生活，後來透過一名美籍韓裔牧師的協助，經聯合國難民署尋求庇護。她眼前有三個目的地可供選擇，分別是南韓、美國和歐洲。「衡量之下，我們覺得美國和南韓沒那麼安全，擔心在途中有機會再次被遣返回北韓，那會非常麻煩，最終決定去歐洲，感覺上沒有那麼危險。」

二〇〇八年，朴智賢一家終於成功抵達英國。「首二十日我們先住在利物浦的臨時房屋，向英國申請庇護，後來他們將我們送到貝里」，自此他們一家便在當地定居，在自由的國度裏，展開了人生下半場。「這彷似是第二人生。雖然我已經五十多歲，但我常常說我就好像一個青少年。」

三十歲那年，朴智賢從北韓逃離到中國；四十歲那年，朴智賢從中國來到英國。「我對於英國一無所知，也不懂英語，」她坦言剛到英國的時候，生活非常困難，「幾乎無法溝通，有人想多認識我們，但我無法用言語表達，但我希望告訴他們。後來，我學習英文。」

從獨裁國家走到自由的國度，朴智賢感受更多的是當地人對於他們的歡迎，「他們的歡迎，對我來說意義很大。我第一次在這裏哭，是因為覺得自己終於身處一個安全的國家。當我和家人享用晚餐時，我的孩子面露笑容，他們可以上學……對我們來說，即使這是很微小的日常生活，但卻是快樂的，也首次令我明白家庭到底有多重要。」

兒子的一道問題，改變了她的人生

在英國，安頓生活是這個脫北者家庭的首要任務。剛開始的時候，朴智賢對於自由、人權等概念還不是很清楚，直到二〇一二年某日，過去曾被強迫分開的大兒子忽然問她，「媽媽，為什麼你當時要拋棄我？」這道問題後來深深地影響了朴智賢，「當我聽到這個問題的時候，我望着我的兒子，無法回答他，只是不斷地哭……雖然他說他理解我的人生，但那段記憶仍然留在他的腦海裏。」

「我是一個很痛苦的人，我的兒子也在承受這樣的痛苦。」朴智賢坦言，這個問題改變了她的想法，致使她走上爭取人權的道路，「我想發聲，那時開始，我開始把我的故事公開說出來，活在自由世界的人們對於這些情況所知不多，我希望能讓他們了解更多什麼是自由、對於自由權利的責任」。

我問她，如果沒有這個突如其來的問題，你還會走上這樣的道路嗎？「如果他沒有這樣問，我可能會過着截然不同的人生。」朴智賢回答。

從公開訴說作為脫北者的經歷，教授在英北韓人英語、提供社區服務，再加入保守黨，並代表保守黨角逐區議員，她成為媒體上的焦點人物。二〇一三年，朴智賢在聯合國朝鮮人權調查委員會和英國國會作證，並於二〇二〇年獲國際特赦組織英國分會頒發Amnesty Brave Awards，並與南韓女子徐琳出版《我想活下去》一書，講述在北韓生活的種種經歷。

談到加入英國政黨保守黨一事，朴智賢表示在二〇一六年的時候，英國舉行地方選舉，那次是她來到英國之後，首次成為選民投票，並且促使她有了加入保守黨的念頭，「保守黨提倡家庭、公義、自由等價值，這與人權活動一樣，目的都是為了救助家庭和個人，跟保守黨的價值吻合。」

直到二〇二一年，朴智賢代表保守黨角逐貝里的地方議會議員（councillor）。對於她來說，出選地方議員與政治議題無關，本意是想服務社區，「地方議員比較像是社區裏的領袖，不算是跟政治議題有很強的關連。去年病毒在全球擴散，有很多人們需要我們的幫助，希望能透過這個位置幫助他們。」

雖然她最終落選，但對於她來說，這是一個難能可貴的經驗，「這次經驗讓我再次學習民主生活是怎樣的一回事。為什麼政治自由對我們那麼重要，而與當地居民接觸的過程中，也讓我獲益良多。」

「我不知道我的旅程是否成功，哪裏才是我的目的地，但我希望能夠繼續發聲，這是我給兒子的答案。」朴智賢最後這樣告訴我。

和她做訪問的兩個多小時裏，我從她的回答中，已經感到她曾經歷的苦難，有着他人難以想像的重量，而這卻是不少脫北者的寫照。眼前的她，即使加入了當地的政黨，交流時完全沒有政治人物的「味道」，也許是她作為人權行動者的背景，也有可能是因為我看到她和女兒的平凡互動中，展現更多母親的感覺。就像當初她的從政之路，不是為了什麼，而是為了兒子的一道問題。

原文刊於《誌》

邊境記事，逃離與回去的烏克蘭人

二〇二二年二月二十四日，在烏克蘭當地時間凌晨四點，俄羅斯軍隊多路入侵烏克蘭，俄羅斯總統普京發表全國電視講話，以「去軍事化」及「去納粹化」為名目，聲稱要對烏克蘭採取「特別軍事行動」，烏克蘭境內多個地區遭受空襲，首都基輔也無法倖免。

我還記得，當日起床之後看到消息的震驚。戰爭一觸即發，加上身處歐洲，更覺得這場戰爭發生在不遠之處，於是格外關注。

俄羅斯公然入侵烏克蘭，震驚國際社會。戰爭之初，曾經有評論指出這有引起第三次世界大戰的危機；而在戰爭爆發之後，烏克蘭已宣佈禁止年滿十八歲至六十歲的男子離開國境，以確保國家的動員能力。另一邊廂，大量烏克蘭婦女及兒童為了逃避戰火，被迫離開家園，逃到鄰近的歐洲國家。據聯合國難民署截至二〇二三年一月的資料顯示，至今已有多達一千八百萬烏克蘭人逃離家園。

戰爭開始後，抵達波蘭邊境城市

在戰爭爆發後不久，我曾以線上會議的方式訪問烏克蘭總統澤連斯基（Volodymyr Zelenskyy）的前任發言人孟德爾（Iuliia Mendel），了解當時的情況。然而，我還是不滿足於只能在遙遠的英國接收一切資訊，同時看到有香港記者和攝影記者去了烏克蘭或邊境之處進行報導及記錄，於是開始計劃前往相對安全的邊境，以接近「現場」多一點。

安排行程之後，在戰爭爆發一個月的時候，我從英國飛到波蘭克拉科夫（Kraków），再經陸路去到接壤烏克蘭的邊境城市普熱梅希爾（Przemyśl）。

由於地理的緣故，波蘭是其中一個收容最多烏克蘭難民的國家。據聯合國難民署在二〇二三年一月的數據顯示，目前波蘭收容的難民人數約為一百五十六萬人，亦有不少難民先進入波蘭，再去其他的國家。

普熱梅希爾是不少烏克蘭人跨越邊境之後，第一個抵達的城市。接壤兩國的八個關口之中，波蘭的邊境關口梅迪卡（Medyka）算是最有規模的一個。那裏聚集了大量國際志願機構，以及來自世界各地的義工，為剛入境波蘭的烏克蘭難民提供各種所需的資訊及協助。

過了關口，有一條搭建的「街道」，放着各式各樣

↑ 波蘭與烏克蘭接壤的邊境關口梅迪卡，是不少烏克蘭人跨越邊境之後第一個抵達的地方。

的帳篷，有食物、熱茶、咖啡、電話卡，好讓逃離家園的人能稍為安頓。之後，有巴士接載他們到普熱梅希爾市內的難民中心。難民中心由一間大型超級市場臨時改建而成，有大量烏克蘭難民逗留，也有大量義工在當中協助。

逗留數天之後，難民可乘搭火車前往希望抵達的歐洲國家。有烏克蘭人選擇留在波蘭，而另外兩個收留最多難民的國家則是德國與捷克。

當時，戰事已經爆發一個月，仍然有不少烏克蘭人陸續來到波蘭這一端。無論是在關口、難民中心，抑或是火車站，最常看見的畫面，是婦女們攜老帶幼，拖着行李，來到鄰近的陌生之地。小孩抱着的洋娃娃格外顯眼，與戰爭的殘酷形成了巨大的反差。由於成年男子被禁止離開烏克蘭，婦女和小朋友都沒有丈夫及爸爸陪伴在旁。

↑ 波蘭邊境城市普熱梅希爾的火車站月台一角放滿了玩偶，給從烏克蘭前來的小孩拿取。

在邊境之處，我認識了一名現居台灣的烏克蘭人Oleg。得悉家鄉爆發戰事之後，離開十多年的他，決定從台北飛到波蘭邊境當義工，提供能力所及的協助。在抵達邊境之後，我發現語言是最大的溝通障礙，我在現場遇到的大部分烏克蘭人都不會講英文，幸好Oleg幫忙翻譯，讓我能夠了解更多烏克蘭人的故事，有逃離家園的人，也有嘗試回去烏克蘭的人。

在波蘭遇見烏克蘭難民，期望戰後能夠回去

十八歲的烏克蘭少女Bogdana與母親在三月底離開家鄉文尼察（Vinnytsia），打算前往愛爾蘭。

她用英語告訴我，「雖然我的家鄉沒有基輔（Kyiv）、馬里烏波爾（Mariupol）、哈爾科夫（Kharkiv）等地危險，但幾乎每天早上四點二十分都會聽到火箭的噪音，我很害怕。」離開家鄉之後，她們在西部城市利維夫（Lviv）

→ 十八歲的烏克蘭少女Bogdana與母親在三月底離開家鄉文尼察。她的父親是一名軍人，留在烏克蘭為國家戰鬥。Bogdana雖然擔憂和焦慮，仍然以父親為傲。

逗留了數天，才去到烏克蘭的邊境關口。Bogdana 說，在邊境排了差不多十個小時，才能入境波蘭。

她的父親是一名軍人，留在烏克蘭為國家戰鬥。Bogdana 雖然擔憂和焦慮，但仍然以父親為傲，「烏克蘭人很勇敢，我們一定會獲得勝利，只是仍然需要一些時間。」

不少離開烏克蘭的人，心裏仍然期盼待戰爭結束之後，能夠重回家園，Bogdana 也不例外，「事實上，我不想離開我的國家，目前只是被迫離開，待戰爭完結之後，我希望回去烏克蘭。」

同樣盼望能在戰爭結束後回家的，還有五十八歲的 Natalya。Natalya 原本居住在基輔地區附近，基輔是其中一個遭到空襲的地方，「我居住在切爾諾貝爾（Chernobyl）那裏，當轟炸發生的時候，我很恐懼，不知道怎樣形容那感覺。」

後來，她去了中部城市切爾卡瑟（Cherkasy），在朋友處逗留了一段時間，就再次離開，「現在我的孩子跟孫兒仍然在切爾卡瑟，我獨自來到波蘭。過去一個月，我幾乎無法入睡。在切爾卡瑟也有轟炸，我們需要走到防空洞躲避。我失眠，也覺得焦慮，這太可怕了。」

Natalya 希望前往意大利。她在那邊有朋友，也想在當地找工作，待戰爭結束之後才回去烏克蘭，「我想告訴烏克蘭的軍人們，請保持耐性，堅持直至勝利的一刻，那不只是為了烏克蘭，同時為了全世界。」

除了婦女與老人、小孩之外，不少逃難的烏克蘭人也會帶同寵物離開。十七歲的 Kate 和十一歲的妹妹，跟着母親一起逃難，同行的還有狗狗 Jessica。她們的家鄉在卡梅楊斯克（Kamianske），每日都響起警報。

「當我們乘搭火車去利維夫的那天，警報響得非常大聲。我們都很害怕，不知道可以怎麼辦，也不知道可以躲去哪裏。」Kate說，她們從家鄉乘坐駛往利維夫的火車，原定下午三時出發，翌日中午抵達，但在戰爭狀態下，列車需要放慢速度以應對轟炸，以及緊急情況，故比原定的時間遲了很多才到達。

就在差不多抵達利維夫的那天，這個西邊城市遭到了戰爭爆發後的第二次襲擊，Kate直言很可怕，「我希望這些瘋狂的事可以結束，也希望將來所有國家都可以保證這些歷史不會重複發生。」

到了利維夫之後，有一些義工協助她們，「之後我們坐巴士去烏克蘭的邊境。從家裏到邊境大約用了二十四小時，在邊境排了大約五小時才能進入波蘭，邊境有很多義工給我們和動物一些食物，也幫我們照顧狗狗。」進入波蘭之後，她們將往目的地德國進發。

來回波烏邊境，以及準備回去基輔的烏克蘭人

除了從烏克蘭逃出來的人之外，在邊境之處，我也遇到一些恆常地來回波烏的烏克蘭人，亦遇到一個準備回基輔的女子。

家鄉在首都基輔的女子Jalyna，離開烏克蘭後半個月，決定要回去基輔，把家裏的兩隻狗帶到安全的地方，「家裏總共有四隻狗和一隻貓，我之前已經帶了兩隻狗過來，現在回去希望能把剩下的動物帶去安全的地方。我知道我需要拯救我的動物。」

雖然回去後打算再次離開，但Jalyna也有心理準備，「我有想過，如果我的狗不願離開，我會留在基輔。我不擔心，最重要是不要恐慌，預備能夠準備的事情，把一切都安排好，這樣就夠了。」

貌似冷靜的背後，她一提到在家鄉認識的朋友，就不禁抽泣，「我的朋友跟他的孩子在基輔被槍殺，另一個朋友在轟炸中喪生，我希望普京的軍隊趕緊離開。我只是希望這場戰爭能夠儘快結束。」

活在邊境之處的六十四歲烏克蘭人Wolodymyr，目前在波蘭的邊境工作。他是一名司機，每逢週末，他都會回去烏克蘭探望家人。

在戰爭爆發之後，他三度進入烏克蘭境內，接載他人過來波蘭，「在烏克蘭邊境那邊，排隊等待過來波蘭的人龍很長。有過千人在排隊，真的很瘋狂，隨處看見小孩在哭泣，甚至有兩名女士在排隊期間因身體狀況轉差而死去。」

Wolodymyr直言這場戰爭很可怕，「我加入了一個跟醫療有關的群組，幾乎無時無刻都收到訊息，有時候真的很無助，不知道這場戰爭仍會持續多久。」

Wolodymyr的太太來自俄羅斯東部，目前住在烏克蘭，在戰爭爆發三日之後，太太致電給仍

←住在邊境的六十四歲烏克蘭人Wolodymyr，目前在波蘭的邊境工作。戰爭爆發之後，他三度進入烏克蘭境內，接載他人前往波蘭。

然住在俄羅斯的妹妹。她問妹妹，「你知道你們的士兵在轟炸烏克蘭嗎？」妹妹卻對此一無所知，「你在說什麼？」

Wolodymyr 說，由此可見，俄方封鎖國民的資訊。談到尾聲，他不禁慨歎，「我今年六十四歲。我太老了，要不然我也希望上前線為國家戰鬥。」

而居在烏克蘭邊境的 Olga 表示，在戰爭爆發之後，她幾乎每星期去波蘭的邊境，領取食物及物資、探望家人，「烏克蘭沒有足夠的食物，通常是領取一些嬰兒及兒童食品、糖、牛奶、米等等。」

她的兒子在波蘭工作，女兒則在烏克蘭從軍，「我必需經常往返波蘭及烏克蘭，如果局勢進一步惡化，由於兒子在波蘭，我可以在這邊逗留。」Olga 是一名殘障人士，只有一隻手，「對我來說，要煮食或準備物資比較困難，能夠做的是帶一些物資回去。」

當利維夫第一次被俄軍轟炸的時候，Olga 坦言非常恐懼，也覺得非常艱難。她擔憂地說，有一個親戚住在馬里烏波爾，在戰爭後已經聯絡不上，「我收不到來自那邊的任何一通電話。」

後記

雖然在波烏邊境逗留只有數天，我在有限的時間裏，密集地觀察、採訪、與其他人交談，沒有太多空間思考當時的感受，倒是回到英國之後，回想起每一個在現場接觸的烏克蘭人，那種狀態的艱難，都叫人無法釋懷。抱着洋娃娃的小孩，或是攜老帶幼、帶着行裝的人，在寒冷的冬天裏，承受着嚴酷的天氣，只為到達一個安全的地方。縱使我沒有走進到烏克蘭的衝突現場，但近距離地直面戰爭帶來的影響，還是被深深震撼。

雖然烏克蘭人對家鄉發生的一切傷心及難過，但對於國家勝利的期盼與想像，仍令人感到他們的堅強。烏克蘭人面對俄羅斯入侵時，呈現那種抵抗、不服輸、不認命的姿態，而總統澤連斯基亦親身領軍上陣，顯出毫不退縮、共同抗敵的領導氣魄。

面對強敵，烏克蘭人每每展現出來的抵抗精神，無論是二〇一三年發起的「廣場革命」、最終導致親俄總統亞努科維奇（Viktor Yanukovych）下台，以至如今面對俄羅斯的入侵時，對強權的不屈服，使得「榮耀歸於烏克蘭」的這句口號，如此擲地有聲。

原文刊於《誌》

從世界各地，前往支援烏克蘭的義工

在普熱梅希爾，除了烏克蘭難民之外，我也遇上了來自世界各地的義工。

他們從各地出發前往波蘭，向烏克蘭人伸出援手。有人在邊境關口梅迪卡當國際志願機構的義工，提供救援物資、電話卡、食物、也有醫療服務，有人會去難民中心幫忙登記，也有普熱梅希爾的居民在火車站架起檔口，為前來的人提供食物。亦有「小丑」打扮的人，嘗試為逃難的烏克蘭人帶來歡樂。我想儘量把現場觀察到的事情、遇到的人們記錄下來，於是，我和來到這裏的義工聊天，聽他／她們說為什麼會來到這個邊境之地。

戰火下為難民帶來歡樂的小丑

在火車站外，我遇上了三個小丑。他們穿上鮮艷的服飾、掛着紅鼻子，格外惹人注目。三人穿梭在難民之間表演，與他們一起互動、玩樂。頓刻之間，無論是婦女或兒童，臉上都展現久違的歡樂與笑容。

「與難民們交流互動的過程中，我們不需要使用任何語言，卻能最直接感受他們當刻的心情及反應。」小丑 Nimrod Eisenberg 這樣告訴我。

小丑團隊來自以色列的非營利組織「夢想醫生」（Dream Doctors）。「夢想醫生」訓練的小丑通常會到當地的兒童病房表演，減少病童在治療期間的焦慮，為病患與家屬帶來笑容，這批小丑又會被稱為「小丑醫生」。

在俄國入侵烏克蘭之後，「夢想醫生」的小丑團隊很快來到鄰近烏克蘭的國家，一隊在摩爾多瓦（Moldova），另一隊則來到波蘭的邊境。

「上一個月，我們仍如常安排每日的生活時，突然就發生這場戰爭，立刻搜查有沒有什麼事是我們可以做的。」Nimrod續說，在「夢想醫生」目前約一百人的小丑團隊中，有十人來自烏克蘭或俄羅斯，「對於我們來說，這次在烏克蘭發生的危機，不只是某一個地方的事，也因為有成員來自烏克蘭與俄羅斯，當中包含個人的情感及要素。」

「夢想醫生」很快派了數名小丑到摩爾多瓦，這個在烏克蘭西南邊的小國在戰爭爆發後同樣接收了大量烏克蘭的難民。Nimrod與另外兩名小丑Javier Katz和Yaron Sancho Goshen則在戰爭爆發後約一個月，來到了波蘭的普熱梅希爾，「我們真的希望能夠提供協助，為人們帶來一些不一樣的改變」。

來到波蘭之後，小丑團隊每日穿梭火車站、難民中心、邊境關口之間，有時甚至越過波蘭與烏克蘭的邊境，在烏克蘭的關口，為等候過境的難民表演。

小丑們既會演奏不同類型的樂器、發出奇怪而有趣的聲音吸引注意，也會邀請兒童和婦女與他們一起互動。飽受戰火摧殘的人，會因為小丑的存在展露笑容，「我們希望能夠讓小孩、媽媽、逃難的家庭快樂，為他們紓緩一些壓力，提供一些情緒上的支援。」

Nimrod表示，與小孩玩耍的過程中，感受到他們仍有能力歡笑、玩樂，以及與小丑互動，「雖然小孩對於國家發生的事情感到震驚，但這種震驚並沒有令他們封閉起來，我們在這過程中感受很多微小但美好的時刻。」

↑ 來自以色列的小丑團隊屬於非營利組織「夢想醫生」（Dream Doctors），每日穿梭在難民之間表演，與他們一起互動、玩樂，為小孩跟婦女帶來歡笑。

另一名小丑Javier表示，在邊境遇見的小孩心態都較為開放、有禮貌。有小孩走到小丑前，觸摸他們手上的結他，也有年老的婦人給予小丑一個擁抱、一個飛吻，甚至一起跳了一支舞。

然而，不是所有小孩都願意打開心窗。Nimrod記得，有一次在難民中心，當他與其他小孩玩耍的時候，有一個小孩獨自離得遠遠，「可能是害羞，也可能仍然有很多情緒。我嘗試在她面前扮跌倒，她開始笑了。看到她笑，我又再跌，她繼續笑，這就像是一個循環。」Nimrod解釋，在他跌下與她大笑的互動中，想傳達一種信息，「她的生命在這個時刻可能跌到低谷，身處在難民中心，父親不在身邊。當我扮跌倒而令她笑的時候，我同樣會笑。潛意識想讓她知道，我知道她正面對很艱難的時刻，但我們仍然可以笑。我們可以不只為笑話而笑，也可以為人生的不完美而笑。」

對於小丑們來說，跨越邊境，到了烏克蘭的一邊，則有着另一番感受。「當我們去到另一邊，看到的是一條很長很長的人龍，排隊等候過關。人們差不多抵達一個安全的地方，但仍未完全安全。等待過關的時間很漫長，只能緩慢地前進。天氣惡劣的時候，可能很冷、可能有雨，你不知道她們是怎樣挺過來的。」Nimrod談到在烏克蘭邊境所見到的狀況。

為難民帶來歡樂的小丑不總是歡樂，看見苦難的情景，在任務完成之後，他們還是露出難過的神情。Nimrod說，「我們很遺憾，也很難過，但我們知道自己有能力讓這些小孩笑，這鼓勵了我在這段時間一直做這件事，為此處帶來一些改變的可能。」

表演了大半天的 Javier 已經疲累，在歡笑的面孔底下，也有着不少的情緒。「目睹這一切讓人感到痛苦，任何人在任何時候都有機會成為難民。現在已經是二十一世紀，這是不可接受的事。當我們完成一天的工作之後，才會有時間去哭、問為什麼會發生這一切。」

Yaron Sancho Goshen 則表示，透過小丑的眼睛觀看這一切，「就好像是一場遊戲，但如果透過自己的眼睛觀看，就會覺得很難受。」Sancho 的祖父母來自波蘭及烏克蘭，看到烏克蘭的難民，就勾起了猶太人在上個世紀曾經歷的苦難。「當我看見那些老太太，有時候覺得她們很像我的祖母」。在烏克蘭邊境另一端，他看見大量的小孩、婦女，以及年老的男人，「不禁問自己，為什麼會這樣？少數人挑起的戰爭，最後有這麼多人一起承受傷害。」

想到烏克蘭當志願軍的台灣人

在邊境的關口梅迪卡，我看見不少亞裔的面孔，其中一個是來自台灣的前職業軍人。他希望能夠進入烏克蘭參加國際志願軍團。

自俄羅斯入侵烏克蘭後，烏克蘭總統澤連斯基隨即宣佈成立「烏克蘭領土防衛國際軍團」（International Legion of Territorial Defense of Ukraine），招募世界各地的志願軍入境參戰。二十八歲的鄭晗信，曾在台灣擔任五年職業軍人，遠在台灣看到事態發展，希望能為烏克蘭的和平出一分力，故希望參加志願軍，發揮自己所長。

談到這次的決定，作為前軍人的他表示，「台灣沒有戰爭，相對比較和平，我們不知道所學能用在哪裏。參加志願軍是想找到可以發揮所長的地方，從而找到軍人的價值。」自戰爭爆發之後，他在新聞上目睹的一切，令他希望能為遠方的國度付出自己的所長，「自從二月二十四日之後，我問自己為什麼待在一個這麼和平的地方？我可以為他們做什麼？所以，就想到可以運用自己在軍事上的專長幫助他們。」

鄭晗信告訴我，在台灣的軍人

→ 來自台灣的前軍人鄭晗信希望能參加志願軍，為烏克蘭的和平出一分力，惟因邦交問題而無法入境烏克蘭，而留在波蘭邊境一帶擔任義工。

圈中，不少人也有意願到烏克蘭參加志願軍，「可是有些人有家庭或其他的負擔，也有人正在服役，比較沒有辦法出來。我沒有太多的牽掛，考慮過後就決定過來了。」辭去了工作、申辦了第一本護照、買好單程機票，交託在台灣的事情後，他人生第一次出國，就來到了波蘭。

他向國際軍團提交自己的軍事履歷之後，隔日就收到確認的回覆。「冷靜過後就會發現，自己是做一件比較危險的事情。」他先從台灣飛抵華沙，再從華沙去到克拉科夫，「我在克拉科夫的時候猶豫了一下，所以多待一天思考這件事情，那時才意識到自己真的有可能要面臨死亡，會有害怕的感覺，愈接近邊境，愈有這種感覺」。鄭晗信表示，在克拉科夫多留的一天，認真地思考自己這次決定，「想得很清楚了，心裏是蠻堅定的，也有心理準備可能戰死，來到梅迪卡的邊境過關，卻被擋下來了。」

鄭晗信來到梅迪卡的關口，第一時間嘗試入境烏克蘭，希望到達烏克蘭國際志願軍團的集合點，在波蘭的關口出境後，卻在入境烏克蘭時被海關攔截，「要有簽證才能進去，不然是沒有辦法進去。」

由於台灣跟烏克蘭沒有正式建立外交關係，烏克蘭與台灣也沒有互設辦事處，台灣人無法在台獲取烏克蘭簽證。鄭晗信曾經聯絡在華沙的烏克蘭領事館，「但領事館回覆說，他們有太多查詢了，已經沒有辦法再負荷一些文件上的事情。那時得到的回覆也是叫我直接去烏克蘭的集合點，說入境的時候跟海關說是當國際軍團的志願軍，應該就可以進去集合點找負責人。」最終，他還是無法進入烏克蘭。對鄭晗信來說，這是有點遺憾，「很可惜沒有辦法發揮所長」。

被擋下回來之後，他逗留在梅迪卡一帶擔任義工，認識了來自世界各地的義工，「他們跟我說，留在波蘭這邊當義工，一樣能夠協助烏克蘭難民，只是用了另外一個方式。聽完他們這樣講，我就抱着這樣的心態留下來，當初來這裏也是想做一些事情，用這種方式好像也不錯。」

在邊境逗留的第一個晚上，鄭晗信遇到一個烏克蘭的男生，短暫的相遇，令他感受深刻，「他拿着兩個行李，像是剛下飛機，感覺他有點拿不動那兩個行李，就問他需不需要幫忙，然後幫他拿到邊境閘口那邊。」

眼前那名瘦弱的男生，準備回國作戰，「我問他確定要進去嗎？他說他確定。那刻的心情沒有辦法用言語表達，他是一個連行李都拿不動的男生，沒有很強壯，但他願意為他的國家去做一點事情。他說他還有很多事情想要去做，但現在沒有辦法。」鄭晗信說，這名在邊境遇上的烏克蘭男生，他一輩子都不會忘記。

一年過後，仍未結束的戰爭

每次在人道災難發生之後，總會有不少志願機構、熱心人選擇走到人道救援的現場，提供能力所及的幫忙，甚至有不少人走進烏克蘭提供援助。然而，這場戰爭持續超過一年，至今仍未結束。雖然難民潮的狀況已經有所減緩，有不少烏克蘭人已選擇回去，從新聞上得知，義工的規模已經相較一年前大大減少。

就在戰事爆發不久，有聲音批評歐盟諸國在接收及援助難民時持雙重標準，也有不少媒體探討這一個課題。同為歐洲國家一員、貼近歐洲文化、種族及歷史的烏克蘭難民，在其他歐洲國家所受到的待遇及歡迎程度，遠遠高於來自中東及非洲的難民。在二〇一五年

的歐洲難民危機之後，歐洲社會尤其在東歐的右翼民粹勢力抬頭冒起，當年打着反移民旗號的波蘭右翼政黨「法律與公正黨」隨後上台，面對這波烏克蘭難民潮，他們卻展示「友善歡迎」的姿態，被批評為雙重標準及偽善。

誠然，歐盟諸國的雙重標準是明顯的，然而在我的觀察裏，兩波難民潮

↓ 戰爭爆發後一個月，波蘭城市克拉科夫曾舉行的反戰集會。

有着頗多的差異之處。由於地緣上的相近，烏克蘭的局勢明顯對歐洲的安全及穩定起着關鍵的因素。而且，在戰爭爆發前，已有不少烏克蘭人在波蘭工作與居住，兩個國族之間的交往頻繁，加上波蘭過去曾經歷被俄羅斯瓜分、蘇聯入侵等歷史，故與烏克蘭正在面對「同一個敵人」，危機意識特別強烈。

發生在歐洲的戰役，與發生在中東、非洲等地的戰亂人禍，顯然讓歐洲諸國有不一樣的感受。也因着局勢上的差異，來自中東及非洲的難民大多希望在歐洲落地生根，留在一個安全的地方展開新的生活。地緣政治上的差異，夾雜右翼排外思潮的冒起下，也導致了這些歐盟諸國有了截然不同的取態。

就如，當時英國政府曾經決定將尋求庇護的偷渡者送到非洲盧旺達安置，惹來很大的爭議。而在俄烏戰爭爆發後不久，英政府就推出了一項「為烏克蘭人提供家園」計劃，提供援助。不過，從那些我接觸的烏克蘭難民中，我聽到更多的是在等待戰爭結束的那日能夠返回家鄉，心裏懷抱的仍是勝利的盼望。

原文刊於《誌》

後記

二〇二三年，在英國的工作假期結束之後，我又踏上了旅程，在歐洲各國遊走。在路上，我認識了一些新朋友，也重遇了一些從前認識的人。這樣一晃，原來那些時日已經十年了。我也從二十多歲橫衝直撞的少女，長成了多一點底氣的三十歲熟女了。

初抵英國之時，我在突破出版社的編輯史曉晴小姐邀請下開始寫作，才有這本書的誕生。不經不覺，書寫的過程也接近兩年，連我的工作假期簽證也已經結束，謝謝她在全程的陪伴及提供的建議，這本書才能以目前更為完整的面貌呈現出來。

數數書裏所寫的遊歷紀錄，剛好橫跨了大約十年的長度，從我的大學時期、畢業之後，經過職場的洗禮又重新出發，許多我曾見識的地方，如今已經變得不再一樣。如果要說有什麼感覺，那應該是唏噓吧。

這是一個旅行者的故事，也是一個記者的成長故事，一路走來是不斷相遇與別離的過程。在整理及書寫這本書的過程中，我發現自己原來已在不知不覺中走了一大段路，那些在路上的經歷與養分，深刻地烙在我的身上，使我成為今日這個模樣。

雖然很老套，但我回看這十年走來的道路，很想感謝家人與伴侶。當中必然有着漫長的磨合與張力，但他／她們的包容與接納，讓我能如願踏上了一段段旅程，奢侈地探索人生裏頭種種的未知與可能性。

我也感謝這些年來，在路上遇過的所有人和事，旅途上遇到的人都慷慨地給予我極大的幫助與支持、分享他／她們獨一無二的故事，也豐富了我的人生。

還有謝謝看到最後的你，在此送上深深的祝福。這個故事源於對世界的好奇，讓我申請 Gap Year，開始走不一樣的道路。嘗試以自身的經驗說明，打破社會和別人的期望或者不容易，而我們的確很難完全不在意別人的期望，但是社會的主流標準，又或是別人的期望，不一定永遠適合你的發展。

每一個人的人生都是獨一無二的。我們不是非要成就什麼不可，不是非要攀至什麼高度不可，我們有自己的步伐，有自己的想望。就算只是簡單地希望平安快樂，在這個時代，也是了不起的成就。期望我們能認清目標，有勇氣踏上屬於自己的方向。

獨行的距離——記錄者的觀察手記

作者、攝影→ 李雨夢
策劃編輯→ 史曉晴
美術設計→ 鄭志偉 @SomethingMoon Design
出版發行→ 突破出版社
香港沙田亞公角山路 33 號突破青年村
電話｜2632 0000　傳真｜2632 0388
電郵｜breakthrough@breakthrough.org.hk
網址｜www.breakthrough.org.hk
www.btproduct.com

ISBN → 978-988-8562-80-0
2023 年 7 月初版 1 刷

Distance When I Am Travelling Alone
By Koey Lee
First Printing, First Edition, July 2023

Printed in Hong Kong
ISBN 978-988-8562-80-0

誠邀閣下就突破出版社的書籍發表意見
歡迎加入突破書籍 Facebook page
→ http://www.facebook.com/btbooks.page
本書採用環保油墨印刷

「……種種未知都令人渴望了解這個世界更多。」

EMBLY ELECTIONS
AY 2021
londonelects.org.uk
2502
HCT GROUP OPERATIONS CIC
ASH GROVE BUS DEPOT
MARE STREET
HACKNEY E8 4RH